GOSPEL OF
JOHN | JUAN

New
Living
Translation

Nueva
Traducción
Viviente

NLT.

NTV

Tyndale House Publishers, Inc.
Carol Stream, Illinois

Tyndale House Publishers, Inc.
Carol Stream, Illinois

CONTENTS

CONTENIDO

READER'S GUIDE

Read, Believe and Receive!
The Gospel of John is a vivid word-picture of the life of Jesus Christ. Its impact on readers has transformed countless millions of people across the nineteen centuries since it was written by the apostle John.

Helpful Hints for Using this Book
- Read it again and again. Memorize those verses that especially speak to you. As you come to know God's Word intimately, you will see evidence of his powerful work in your life.
- Carefully study this book—and other parts of God's word—daily for a deeper knowledge of God, a more intimate fellowship with his Son, and a deeper dependence on his Holy Spirit.
- Make note of the things that would benefit someone you know . . . and then share what you have learned with that person.

Principles Basic to Understanding John's Gospel
- God made humans in some ways like himself so that man might experience a partnership and companionship with God, without interruption or end.
- God gave to the first man and woman all they needed for their greatest fulfillment, and he warned them not to try to find that fulfillment apart from him.
- The first woman listened to the persuasive arguments of Satan (man's and God's greatest enemy), and her husband joined her in following Satan's subtle yet bold suggestion

GUÍA DEL LECTOR

¡Lea, crea y reciba!
El Evangelio de Juan es una vívida descripción verbal de la vida de Jesucristo. Su impacto en los lectores ha transformado a millones de personas a lo largo de diecinueve siglos, desde que fuera escrito por el apóstol Juan.

Sugerencias prácticas para usar este libro
- Léalo una y otra vez. Memorice aquellos versículos que le hablen a usted específicamente. A medida que conozca la Palabra de Dios íntimamente, verá la evidencia de su obra poderosa en su propia vida.
- Estudie detenidamente este libro a diario (al igual que otras porciones de la Palabra de Dios) para tener un conocimiento más profundo del Padre, una comunión más íntima con su Hijo y una dependencia más fuerte del Espíritu Santo.
- Tome nota de las cosas que beneficiarían a alguien que usted conozca y comparta con esa persona lo que haya aprendido.

Principios básicos para la comprensión del Evangelio de Juan
- Dios hizo al hombre, en cierta manera, como a sí mismo, de modo que el hombre pudiese experimentar la compañía de Dios sin interrupción ni final.
- Dios le dio al primer hombre y a la primera mujer todo lo que necesitaban para su realización máxima y les advirtió que no buscaran esa realización fuera de él.
- La primera mujer escuchó los argumentos persuasivos de Satanás (el mayor enemigo del hombre y de Dios), y su esposo se le unió para seguir la sutil pero audaz sugerencia

to disobey God. The result—*sin*—alienated man and woman from God, from each other, and from all creation.

- Since that time (the event known as "the fall"), all people have been born with their first ancestor's predisposition to disobey God and selfishly satisfy their own desires. Jesus Christ—who was born without a human father—is the only one ever born into this world without a sin-bent human nature.

- From the beginning, God reached out to draw people back to himself—by the conviction of divine laws, by ritual sacrifice accompanied by faith, by prophetic spokesmen, by gracious providence, even by tragedies—always in love.

- The Gospel of John tells us of God's final and greatest act to restore us, to reconcile us to himself, and to fulfill the purpose for which he created us. That act began with God's *incarnation* (literally, "enfleshment") in his Son, Jesus, as he came from heaven to share our human nature (yet without sharing our sin), to identify with us in our weakness and sorrows. It continued as he lived in perfect obedience as the Representative Man and took on himself at the cross the guilt and punishment for the sins of all people. It was completed by his resurrection, where he demonstrated his total triumph over sin and death.

- This book begins and ends with Jesus Christ. It invites us to examine the evidence, to believe it, and to receive the full and everlasting life God offers us in Christ by entrusting ourselves only and completely to him. "But these are written so that you may continue to believe that Jesus is the Messiah, the Son of God, and that by believing in him you will have life by the power of his name" (John 20:31). This life is the abundant life. And the Word of God (including this book) is one provision

de Satanás de desobedecer a Dios. El resultado fue *el pecado,* que distanció al hombre y a la mujer de Dios, puso distancia entre ellos mismos y los separó del resto de la creación.

- Desde entonces (el acontecimiento conocido como «la caída»), y como herencia de su primer antepasado, toda la gente nace con predisposición a desobedecer a Dios y a satisfacer de modo egoísta sus propios deseos. Sin embargo, Jesucristo, que no nació de padre humano, es el único que haya nacido jamás en este mundo sin la naturaleza humana pecaminosa.

- Desde el principio, Dios ha buscado que la gente vuelva a él: mediante la convicción de las leyes divinas, el sacrificio ritual acompañado de la fe, por los portavoces proféticos, la graciosa providencia, e incluso a través de tragedias, pero siempre con amor.

- El Evangelio de Juan nos habla de la obra final y más grande de Dios para restaurarnos, para reconciliarnos consigo mismo y para consumar el propósito para el que nos creó. La obra comenzó con la *encarnación* de Dios (literalmente, «Dios hecho carne») en su hijo Jesús al venir del cielo para compartir nuestra naturaleza humana (pero no nuestro pecado), para identificarse con nosotros en nuestras debilidades y aflicciones. Continuó mientras vivió en obediencia perfecta como representante del hombre y cargó sobre sí mismo, en la cruz, la culpa y el castigo por el pecado de toda la gente. Se completó con la resurrección, donde materializó su triunfo total sobre el pecado y la muerte.

- Este libro comienza y termina con Jesucristo. Nos invita a examinar la evidencia, a creer en ella y a recibir la vida eterna y plena que Dios nos ofrece en Cristo al encomendarnos a él de manera completa y exclusiva. «Pero éstas se escribieron para que ustedes sigan creyendo que Jesús es el

he has made for the daily enrichment of life, for in it he tells us how to live. He himself said, "You are truly my disciples if you remain faithful to my teachings. And you will know the truth, and the truth will set you free" (John 8:31-32).

Mesías, el Hijo de Dios, y para que, al creer en él, tengan vida por el poder de su nombre» (Juan 20:31). Ésta es la vida abundante. La Palabra de Dios (de la cual este libro forma parte) es lo que él nos ha proporcionado para el diario enriquecimiento de la vida, porque en ella nos dice como vivir. Jesús dijo: «Ustedes son verdaderamente mis discípulos si se mantienen fieles a mis enseñanzas; y conocerán la verdad, y la verdad los hará libres» (Juan 8:31-32).

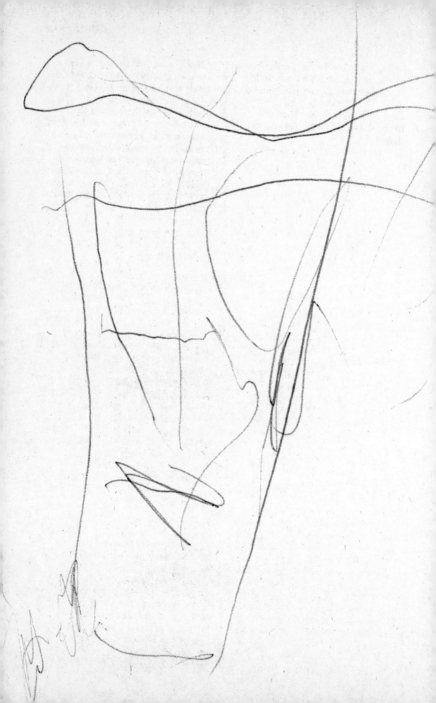

SUMMARY OF THE GOSPEL OF JOHN

Author
John the apostle, son of Zebedee and brother of James the apostle

Date Written
Second half of the first century, from the city of Ephesus

Purpose
To show that Jesus is the Messiah, the Son of God, and that all who believe in him will have eternal life

Content
John begins with a prologue unique to his Gospel (John 1:1-14), where he depicts Jesus' preexistent life with God the Father to show that Jesus was not just a great man, but the very Son of God. Many of Jesus' miracles are then recorded, along with many of his teachings not recalled by the other Gospel writers (John 1:15–13:38). A long section records Jesus' teachings to his apostles just prior to his crucifixion (John 14–17). Then after an account of Jesus' death and resurrection (18:1–20:10), the book closes with encounters between the resurrected Jesus and his followers (John 20:11–21:25).

Themes
The gospel of John stresses the divinity of Christ and provides us with an interpretation of his life. He is explained by such metaphors as light, truth, love, good shepherd, the door, the resurrection and the life, living water, bread of life, and more. The beautiful material found in chapters 14–17 shows the deep love of Jesus for his followers and the peace that comes through faith in him.

RESUMEN DEL EVANGELIO DE JUAN

Autor
El apóstol Juan, hijo de Zebedeo y hermano del apóstol Santiago.

Fecha de escritura
Segunda parte del primer siglo, en la ciudad de Éfeso.

Propósito
Mostrar que Jesús es el Mesías, el Hijo de Dios, y que todo aquel que cree en él tendrá vida eterna.

Contenido
Juan comienza su Evangelio con un prólogo único (Juan 1:1-14), donde describe la vida preexistente de Jesús con Dios el Padre para demostrar que Jesús no solamente fue un gran hombre, sino el Hijo de Dios mismo. Se registran muchos de los milagros de Jesús, al igual que muchas de sus enseñanzas que los otros escritores de los evangelios no mencionan (Juan 1:15–13:38). Una larga sección documenta las enseñanzas de Jesús a sus apóstoles justo antes de su crucifixión (Juan 14–17). Después del relato de la muerte y resurrección de Jesús (Juan 18:1–20:10), el libro concluye con los encuentros entre Jesús resucitado y sus seguidores (Juan 20:11–21:25).

Temas
El Evangelio de Juan hace énfasis en la divinidad de Cristo y nos proporciona una interpretación de su vida. Se le describe con metáforas tales como la luz, la verdad, el amor, el buen pastor, la puerta, la resurrección y la vida, el agua que da vida, el pan de vida y más. El hermoso material que se encuentra en los capítulos del 14 al 17 muestra el profundo amor que Jesús tiene por su rebaño y la paz que viene por la fe en él.

John / Juan

NEW LIVING TRANSLATION

NEW LIVING TRANSLATION

Prologue: Christ, the Eternal Word

1 ¹In the beginning the Word already existed.
The Word was with God,
and the Word was God.
² He existed in the beginning with God.
³ God created everything through him,
and nothing was created except through him.
⁴ The Word gave life to everything that was created,*
and his life brought light to everyone.
⁵ The light shines in the darkness,
and the darkness can never extinguish it.*

⁶ God sent a man, John the Baptist,* ⁷ to tell about the light so that everyone might believe because of his testimony. ⁸ John himself was not the light; he was simply a witness to tell about the light. ⁹ The one who is the true light, who gives light to everyone, was coming into the world.

¹⁰ He came into the very world he created, but the world didn't recognize him. ¹¹ He came to his own people, and even they rejected him. ¹² But to all who believed him and accepted him, he gave the right to become children of God. ¹³ They are reborn—not with a physical birth resulting from human passion or plan, but a birth that comes from God.

¹⁴ So the Word became human* and made his home among us. He was full of unfailing love and faithfulness.* And we

---

NUEVA TRADUCCIÓN VIVIENTE

Prólogo: Cristo, la Palabra eterna

1 ¹En el principio la Palabra ya existía.
La Palabra estaba con Dios,
y la Palabra era Dios.
² El que es la Palabra existía en el principio con Dios.
³ Dios creó todas las cosas por medio de él,
y nada fue creado sin él.
⁴ La Palabra le dio vida a todo lo creado,*
y su vida trajo luz a todos.
⁵ La luz brilla en la oscuridad,
y la oscuridad jamás podrá apagarla.*

⁶ Dios envió a un hombre llamado Juan el Bautista,* ⁷ para que contara acerca de la luz, a fin de que todos creyeran por su testimonio. ⁸ Juan no era la luz; era sólo un testigo para hablar de la luz. ⁹ Aquel que es la luz verdadera, quien da luz a todos, venía al mundo.

¹⁰ Vino al mismo mundo que él había creado, pero el mundo no lo reconoció. ¹¹ Vino a los de su propio pueblo, y hasta ellos lo rechazaron. ¹² Pero, a todos los que creyeron en él y lo recibieron, les dio el derecho de llegar a ser hijos de Dios. ¹³ Ellos nacen de nuevo, no mediante un nacimiento físico como resultado de la pasión o de la iniciativa humana, sino por medio de un nacimiento que proviene de Dios.

¹⁴ Entonces la Palabra se hizo hombre* y vino a vivir entre nosotros. Estaba lleno de fidelidad y amor inagotable.* Y hemos

---

1:3-4 Or *and nothing that was created was created except through him. The Word gave life to everything.* **1:5** Or *and the darkness has not understood it.* **1:6** Greek *a man named John.* **1:14a** Greek *became flesh.* **1:14b** Or *grace and truth; also in 1:17.*

1:3-4 O *y nada de lo que fue creado, fue creado sino por medio de él. La Palabra dio vida a todo.* **1:5** O *y la oscuridad no la ha entendido.* **1:6** En griego *un hombre llamado Juan.* **1:14a** En griego *se hizo carne.* **1:14b** O *gracia y verdad;* también en 1:17.

NEW LIVING TRANSLATION

have seen his glory, the glory of the Father's one and only Son.

[15] John testified about him when he shouted to the crowds, "This is the one I was talking about when I said, 'Someone is coming after me who is far greater than I am, for he existed long before me.'"

[16] From his abundance we have all received one gracious blessing after another.* [17] For the law was given through Moses, but God's unfailing love and faithfulness came through Jesus Christ. [18] No one has ever seen God. But the unique One, who is himself God,* is near to the Father's heart. He has revealed God to us.

The Testimony of John the Baptist

[19] This was John's testimony when the Jewish leaders sent priests and Temple assistants* from Jerusalem to ask John, "Who are you?" [20] He came right out and said, "I am not the Messiah."

[21] "Well then, who are you?" they asked. "Are you Elijah?"

"No," he replied.

"Are you the Prophet we are expecting?"*

"No."

[22] "Then who are you? We need an answer for those who sent us. What do you have to say about yourself?"

[23] John replied in the words of the prophet Isaiah:

"I am a voice shouting in the
    wilderness,
'Clear the way for the LORD's
    coming!'"*

[24] Then the Pharisees who had been sent [25] asked him, "If you aren't the

1:16 Or *received the grace of Christ rather than the grace of the law;* Greek reads *received grace upon grace.* 1:18 Some manuscripts read *But the one and only Son.* 1:19 Greek *and Levites.* 1:21 Greek *Are you the Prophet?* See Deut 18:15, 18; Mal 4:5-6. 1:23 Isa 40:3.

NUEVA TRADUCCIÓN VIVIENTE

visto su gloria, la gloria del único Hijo del Padre.

[15] Juan dio testimonio de él cuando clamó a las multitudes: «A él me refería yo cuando decía: "Alguien viene después de mí que es muy superior a mí porque existe desde mucho antes que yo"».

[16] De su abundancia, todos hemos recibido una bendición inmerecida tras otra.* [17] Pues la ley fue dada por medio de Moisés, pero el amor inagotable de Dios y su fidelidad vinieron por medio de Jesucristo. [18] Nadie ha visto jamás a Dios. Pero el Hijo, el único, él mismo es Dios y* está íntimamente ligado al Padre. Él nos ha revelado a Dios.

El testimonio de Juan el Bautista

[19] Éste fue el testimonio que dio Juan cuando los líderes judíos enviaron sacerdotes y ayudantes del templo* desde Jerusalén para preguntarle:

—¿Quién eres?

[20] Él dijo con toda franqueza:

—Yo no soy el Mesías.

[21] —Bien. Entonces ¿quién eres? —preguntaron—. ¿Eres Elías?

—No —contestó.

—¿Eres el Profeta que estamos esperando?*

—No.

[22] —Entonces ¿quién eres? Necesitamos alguna respuesta para los que nos enviaron. ¿Qué puedes decirnos de ti mismo?

[23] Juan contestó con las palabras del profeta Isaías:

«Soy una voz que clama en el desierto:
    "¡Abran camino para la llegada del
        SEÑOR!"»*.

[24] Entonces los fariseos que habían sido enviados [25] le preguntaron:

1:16 O *recibimos la gracia de Cristo en lugar de la gracia de la ley;* en griego dice *recibimos gracia sobre gracia.* 1:18 Algunos manuscritos dicen *Pero el único Hijo.* 1:19 En griego *y levitas.* 1:21 En griego *¿Eres tú el Profeta?* Ver Dt 18:15, 18; Mal 4:5-6. 1:23 Is 40:3.

Messiah or Elijah or the Prophet, what right do you have to baptize?"

²⁶ John told them, "I baptize with* water, but right here in the crowd is someone you do not recognize. ²⁷ Though his ministry follows mine, I'm not even worthy to be his slave and untie the straps of his sandal."

²⁸ This encounter took place in Bethany, an area east of the Jordan River, where John was baptizing.

Jesus, the Lamb of God

²⁹ The next day John saw Jesus coming toward him and said, "Look! The Lamb of God who takes away the sin of the world! ³⁰ He is the one I was talking about when I said, 'A man is coming after me who is far greater than I am, for he existed long before me.' ³¹ I did not recognize him as the Messiah, but I have been baptizing with water so that he might be revealed to Israel."

³² Then John testified, "I saw the Holy Spirit descending like a dove from heaven and resting upon him. ³³ I didn't know he was the one, but when God sent me to baptize with water, he told me, 'The one on whom you see the Spirit descend and rest is the one who will baptize with the Holy Spirit.' ³⁴ I saw this happen to Jesus, so I testify that he is the Chosen One of God.*"

The First Disciples

³⁵ The following day John was again standing with two of his disciples. ³⁶ As Jesus walked by, John looked at him and declared, "Look! There is the Lamb of God!" ³⁷ When John's two disciples heard this, they followed Jesus.

³⁸ Jesus looked around and saw them following. "What do you want?" he asked them.

1:26 Or in; also in 1:31, 33.   1:34 Some manuscripts read the Son of God.

—Si no eres el Mesías, ni Elías, ni el Profeta, ¿con qué derecho bautizas?

²⁶ Juan les dijo:

—Yo bautizo con* agua, pero aquí mismo, en medio de la multitud, hay alguien a quien ustedes no reconocen. ²⁷ Aunque su servicio viene después del mío, yo ni siquiera soy digno de ser su esclavo, ni de desatar las correas de sus sandalias.

²⁸ Ese encuentro ocurrió en Betania, una región situada al este del río Jordán, donde Juan estaba bautizando.

Jesús, el Cordero de Dios

²⁹ Al día siguiente, Juan vio que Jesús se le acercaba y dijo: «¡Miren! ¡El Cordero de Dios, que quita el pecado del mundo! ³⁰ A él me refería cuando yo decía: "Después de mí, vendrá un hombre que es superior a mí porque existe desde mucho antes que yo". ³¹ No lo reconocí como el Mesías, aunque estuve bautizando con agua para que él fuera revelado a Israel».

³² Entonces Juan dio testimonio: «Vi al Espíritu Santo descender del cielo como una paloma y reposar sobre él. ³³ Yo no sabía que era el Mesías pero, cuando Dios me envió a bautizar con agua, me dijo: "Aquél, sobre quien veas que el Espíritu desciende y reposa, es el que bautizará con el Espíritu Santo". ³⁴ Vi que eso sucedió con Jesús, por eso doy testimonio de que él es el Elegido de Dios*».

Los primeros discípulos

³⁵ Al día siguiente, Juan estaba otra vez allí con dos de sus discípulos. ³⁶ Al pasar Jesús, Juan lo miró y declaró: «¡Miren! ¡Ahí está el Cordero de Dios!». ³⁷ Cuando los dos discípulos de Juan lo oyeron, siguieron a Jesús.

³⁸ Jesús miró a su alrededor y vio que ellos lo seguían.

—¿Qué quieren? —les preguntó.

1:26 O en; también en 1:31, 33.   1:34 Algunos manuscritos dicen el Hijo de Dios.

They replied, "Rabbi" (which means "Teacher"), "where are you staying?"

³⁹"Come and see," he said. It was about four o'clock in the afternoon when they went with him to the place where he was staying, and they remained with him the rest of the day.

⁴⁰Andrew, Simon Peter's brother, was one of these men who heard what John said and then followed Jesus. ⁴¹Andrew went to find his brother, Simon, and told him, "We have found the Messiah" (which means "Christ"*).

⁴² Then Andrew brought Simon to meet Jesus. Looking intently at Simon, Jesus said, "Your name is Simon, son of John—but you will be called Cephas" (which means "Peter"*).

⁴³ The next day Jesus decided to go to Galilee. He found Philip and said to him, "Come, follow me." ⁴⁴ Philip was from Bethsaida, Andrew and Peter's hometown.

⁴⁵ Philip went to look for Nathanael and told him, "We have found the very person Moses* and the prophets wrote about! His name is Jesus, the son of Joseph from Nazareth."

⁴⁶ "Nazareth!" exclaimed Nathanael. "Can anything good come from Nazareth?"

"Come and see for yourself," Philip replied.

⁴⁷As they approached, Jesus said, "Now here is a genuine son of Israel—a man of complete integrity."

⁴⁸ "How do you know about me?" Nathanael asked.

Jesus replied, "I could see you under the fig tree before Philip found you."

⁴⁹ Then Nathanael exclaimed, "Rabbi,

1:41 Messiah (a Hebrew term) and Christ (a Greek term) both mean "the anointed one." 1:42 The names Cephas (from Aramaic) and Peter (from Greek) both mean "rock." 1:45 Greek Moses in the law.

Ellos contestaron:

—Rabí —que significa "Maestro"—, ¿dónde te hospedas?

³⁹ —Vengan y vean —les dijo.

Eran como las cuatro de la tarde cuando lo acompañaron al lugar donde se hospedaba, y se quedaron el resto del día con él.

⁴⁰ Andrés, hermano de Simón Pedro, era uno de estos hombres que, al oír lo que Juan dijo, siguieron a Jesús. ⁴¹ Andrés fue a buscar a su hermano Simón y le dijo: «Hemos encontrado al Mesías» (que significa «Cristo»*).

⁴²Luego Andrés llevó a Simón, para que conociera a Jesús. Jesús miró fijamente a Simón y le dijo: «Tu nombre es Simón hijo de Juan, pero te llamarás Cefas» (que significa «Pedro»*).

⁴³ Al día siguiente, Jesús decidió ir a Galilea. Encontró a Felipe y le dijo: «Ven, sígueme». ⁴⁴ Felipe era de Betsaida, el pueblo natal de Andrés y Pedro.

⁴⁵ Felipe fue a buscar a Natanael y le dijo:

—¡Hemos encontrado a aquel de quien Moisés* y los profetas escribieron! Se llama Jesús, el hijo de José, de Nazaret.

⁴⁶ —¡Nazaret! —exclamó Natanael—. ¿Acaso puede salir algo bueno de Nazaret?

—Ven y compruébalo tú mismo —le respondió Felipe.

⁴⁷ Mientras ellos se acercaban, Jesús dijo:

—Aquí viene un verdadero hijo de Israel, un hombre totalmente íntegro.

⁴⁸ —¿Cómo es que me conoces? —le preguntó Natanael.

—Pude verte debajo de la higuera antes de que Felipe te encontrara —contestó Jesús.

⁴⁹Entonces Natanael exclamó:

1:41 Tanto Mesías (un término hebreo) como Cristo (un término griego) significan «el ungido». 1:42 Tanto el nombre Cefas (del arameo) como el nombre Pedro (del griego) significan «roca». 1:45 En griego Moisés en la ley.

NEW LIVING TRANSLATION

you are the Son of God—the King of Israel!"

⁵⁰Jesus asked him, "Do you believe this just because I told you I had seen you under the fig tree? You will see greater things than this." ⁵¹Then he said, "I tell you the truth, you will all see heaven open and the angels of God going up and down on the Son of Man, the one who is the stairway between heaven and earth.*"

The Wedding at Cana

2 The next day* there was a wedding celebration in the village of Cana in Galilee. Jesus' mother was there, ²and Jesus and his disciples were also invited to the celebration. ³The wine supply ran out during the festivities, so Jesus' mother told him, "They have no more wine."

⁴"Dear woman, that's not our problem," Jesus replied. "My time has not yet come."

⁵But his mother told the servants, "Do whatever he tells you."

⁶Standing nearby were six stone water jars, used for Jewish ceremonial washing. Each could hold twenty to thirty gallons.* ⁷Jesus told the servants, "Fill the jars with water." When the jars had been filled, ⁸he said, "Now dip some out, and take it to the master of ceremonies." So the servants followed his instructions.

⁹When the master of ceremonies tasted the water that was now wine, not knowing where it had come from (though, of course, the servants knew), he called the bridegroom over. ¹⁰"A host always serves the best wine first," he said. "Then, when everyone has had a lot to drink, he

1:51 Greek *going up and down on the Son of Man;* see Gen 28:10-17. "Son of Man" is a title Jesus used for himself.   2:1 Greek *On the third day;* see 1:35, 43.   2:6 Greek *2 or 3 measures* [75 to 113 liters].

NUEVA TRADUCCIÓN VIVIENTE

—Rabí, ¡tú eres el Hijo de Dios, el Rey de Israel!

⁵⁰Jesús le preguntó:

—¿Crees eso sólo porque te dije que te había visto debajo de la higuera? Verás cosas más grandes que ésta.

⁵¹Y agregó: «Les digo la verdad, todos ustedes verán el cielo abierto y a los ángeles de Dios subiendo y bajando sobre el Hijo del Hombre, quien es la escalera entre el cielo y la tierra»*.

La boda de Caná

2 Al día siguiente,* se celebró una boda en la aldea de Caná de Galilea. La madre de Jesús estaba presente, ²y también fueron invitados a la fiesta Jesús y sus discípulos. ³Durante la celebración, se acabó el vino, entonces la madre de Jesús le dijo:

—Se quedaron sin vino.

⁴—Apreciada mujer, ése no es nuestro problema —respondió Jesús—. Todavía no ha llegado mi momento.

⁵Pero, su madre les dijo a los sirvientes: «Hagan lo que él les diga».

⁶Cerca de allí había seis tinajas de piedra, que se usaban para el lavado ceremonial de los judíos. Cada tinaja tenía una capacidad de entre 75 y 113 litros.* ⁷Jesús les dijo a los sirvientes: «Llenen las tinajas con agua». Una vez que las tinajas estuvieron llenas, ⁸les dijo: «Ahora saquen un poco y llévenselo al maestro de ceremonias». Así que los sirvientes siguieron sus indicaciones.

⁹Cuando el maestro de ceremonias probó el agua que ahora era vino, sin saber de dónde provenía (aunque, por supuesto, los sirvientes sí lo sabían), mandó a llamar al novio. ¹⁰«Un anfitrión siempre sirve el mejor vino primero —le dijo—. Y, una vez que todos han bebido

1:51 En griego *subiendo y bajando sobre el Hijo del Hombre;* ver Gn 28:10-17. «Hijo del Hombre» es un título que Jesús empleaba para referirse a sí mismo.   2:1 En griego *Al tercer día;* ver 1:35, 43.   2:6 En griego *2 ó 3 medidas* [entre 20 y 30 galones].

NEW LIVING TRANSLATION

NUEVA TRADUCCIÓN VIVIENTE

brings out the less expensive wine. But you have kept the best until now!"

¹¹ This miraculous sign at Cana in Galilee was the first time Jesus revealed his glory. And his disciples believed in him.

¹²After the wedding he went to Capernaum for a few days with his mother, his brothers, and his disciples.

Jesus Clears the Temple

¹³ It was nearly time for the Jewish Passover celebration, so Jesus went to Jerusalem. ¹⁴ In the Temple area he saw merchants selling cattle, sheep, and doves for sacrifices; he also saw dealers at tables exchanging foreign money. ¹⁵Jesus made a whip from some ropes and chased them all out of the Temple. He drove out the sheep and cattle, scattered the money changers' coins over the floor, and turned over their tables. ¹⁶ Then, going over to the people who sold doves, he told them, "Get these things out of here. Stop turning my Father's house into a marketplace!"

¹⁷ Then his disciples remembered this prophecy from the Scriptures: "Passion for God's house will consume me."*

¹⁸ But the Jewish leaders demanded, "What are you doing? If God gave you authority to do this, show us a miraculous sign to prove it."

¹⁹ "All right," Jesus replied. "Destroy this temple, and in three days I will raise it up."

²⁰"What!" they exclaimed. "It has taken forty-six years to build this Temple, and you can rebuild it in three days?" ²¹ But when Jesus said "this temple," he meant his own body. ²²After he was raised from the dead, his disciples remembered he

2:17 Or "Concern for God's house will be my undoing." Ps 69:9.

---

bastante, comienza a ofrecer el vino más barato. ¡Pero tú has guardado el mejor vino hasta ahora!».

¹¹Esta señal milagrosa en Caná de Galilea marcó la primera vez que Jesús reveló su gloria. Y sus discípulos creyeron en él.

¹²Después de la boda, se fue unos días a Capernaúm con su madre, sus hermanos y sus discípulos.

Jesús despeja el templo

¹³ Se acercaba la fecha de la celebración de la Pascua judía, así que Jesús fue a Jerusalén. ¹⁴ Vio que en la zona del templo había unos comerciantes que vendían ganado, ovejas y palomas para los sacrificios; vio a otros que estaban en sus mesas cambiando dinero extranjero. ¹⁵ Jesús se hizo un látigo con unas cuerdas y expulsó a todos del templo. Echó las ovejas y el ganado, arrojó por el suelo las monedas de los cambistas y les volteó las mesas. ¹⁶ Luego se dirigió a los que vendían palomas y les dijo: «Saquen todas esas cosas de aquí. ¡Dejen de convertir la casa de mi Padre en un mercado!».

¹⁷ Entonces sus discípulos recordaron la profecía de las Escrituras que dice: «El celo por la casa de Dios me consumirá»*.

¹⁸ Pero los líderes judíos exigieron:

—¿Qué estás haciendo? Si Dios te dio autoridad para hacer esto, muéstranos una señal milagrosa que lo compruebe.

¹⁹ —De acuerdo —contestó Jesús—. Destruyan este templo y, en tres días, lo levantaré.

²⁰ —¡Qué dices! —exclamaron—. Tardaron cuarenta y seis años en construir este templo, ¿y tú puedes reconstruirlo en tres días?

²¹ Pero, cuando Jesús dijo «este templo», se refería a su propio cuerpo. ²²Después que resucitó de los muertos, sus discípulos recordaron que había dicho

2:17 O «La preocupación por la casa de Dios será mi ruina». Sal 69:9.

had said this, and they believed both the Scriptures and what Jesus had said.

Jesus and Nicodemus

²³ Because of the miraculous signs Jesus did in Jerusalem at the Passover celebration, many began to trust in him. ²⁴ But Jesus didn't trust them, because he knew human nature. ²⁵ No one needed to tell him what mankind is really like.

3 There was a man named Nicodemus, a Jewish religious leader who was a Pharisee. ²After dark one evening, he came to speak with Jesus. "Rabbi," he said, "we all know that God has sent you to teach us. Your miraculous signs are evidence that God is with you."

³ Jesus replied, "I tell you the truth, unless you are born again,* you cannot see the Kingdom of God."

⁴"What do you mean?" exclaimed Nicodemus. "How can an old man go back into his mother's womb and be born again?"

⁵ Jesus replied, "I assure you, no one can enter the Kingdom of God without being born of water and the Spirit.* ⁶ Humans can reproduce only human life, but the Holy Spirit gives birth to spiritual life.* ⁷ So don't be surprised when I say, 'You* must be born again.' ⁸ The wind blows wherever it wants. Just as you can hear the wind but can't tell where it comes from or where it is going, so you can't explain how people are born of the Spirit."

⁹"How are these things possible?" Nicodemus asked.

¹⁰ Jesus replied, "You are a respected

3:3 Or born from above; also in 3:7.   3:5 Or and spirit. The Greek word for Spirit can also be translated wind; see 3:8.   3:6 Greek what is born of the Spirit is spirit.   3:7 The Greek word for you is plural; also in 3:12.

esto y creyeron en las Escrituras y también en lo que Jesús había dicho.

Jesús y Nicodemo

²³ Debido a las señales milagrosas que Jesús hizo en Jerusalén durante la celebración de la Pascua, muchos comenzaron a confiar en él. ²⁴ Pero Jesús no confiaba en ellos porque conocía la naturaleza humana. ²⁵ No hacía falta que nadie le dijera cómo es el ser humano.

3 Había un hombre llamado Nicodemo, un líder religioso judío, de los fariseos. ²Una noche, fue a hablar con Jesús:

—Rabí —le dijo—, todos sabemos que Dios te ha enviado para enseñarnos. Las señales milagrosas que haces son la prueba de que Dios está contigo.

³ Jesús le respondió:

—Te digo la verdad, a menos que nazcas de nuevo,* no puedes ver el reino de Dios.

⁴ —¿Qué quieres decir? —exclamó Nicodemo—. ¿Cómo puede un hombre mayor volver al vientre de su madre y nacer de nuevo?

⁵ Jesús le contestó:

—Te digo la verdad, nadie puede entrar en el reino de Dios si no nace de agua y del Espíritu.* ⁶ El ser humano sólo puede reproducir la vida humana, pero la vida espiritual nace del Espíritu Santo.* ⁷Así que no te sorprendas cuando digo: "Tienen que nacer de nuevo". ⁸El viento sopla hacia donde quiere. De la misma manera que oyes el viento pero no sabes de dónde viene ni adónde va, tampoco puedes explicar cómo las personas nacen del Espíritu.

⁹ —¿Cómo es posible todo esto? —preguntó Nicodemo.

¹⁰ Jesús le contestó:

3:3 O nazcas de lo alto; también en 3:7.   3:5 O y espíritu. La palabra griega que se usa para Espíritu también puede traducirse viento; ver 3:8.   3:6 En griego lo que nace del Espíritu es espíritu.

Jewish teacher, and yet you don't understand these things? [11] I assure you, we tell you what we know and have seen, and yet you won't believe our testimony. [12] But if you don't believe me when I tell you about earthly things, how can you possibly believe if I tell you about heavenly things? [13] No one has ever gone to heaven and returned. But the Son of Man* has come down from heaven. [14] And as Moses lifted up the bronze snake on a pole in the wilderness, so the Son of Man must be lifted up, [15] so that everyone who believes in him will have eternal life.*

[16] "For God loved the world so much that he gave his one and only Son, so that everyone who believes in him will not perish but have eternal life. [17] God sent his Son into the world not to judge the world, but to save the world through him.

[18] "There is no judgment against anyone who believes in him. But anyone who does not believe in him has already been judged for not believing in God's one and only Son. [19] And the judgment is based on this fact: God's light came into the world, but people loved the darkness more than the light, for their actions were evil. [20] All who do evil hate the light and refuse to go near it for fear their sins will be exposed. [21] But those who do what is right come to the light so others can see that they are doing what God wants.*"

John the Baptist Exalts Jesus

[22] Then Jesus and his disciples left Jerusalem and went into the Judean countryside. Jesus spent some time with them there, baptizing people.

[23] At this time John the Baptist was baptizing at Aenon, near Salim, because there was plenty of water there; and people

3:13 Some manuscripts add *who lives in heaven.* "Son of Man" is a title Jesus used for himself.   3:15 Or *everyone who believes will have eternal life in him.*
3:21 Or *can see God at work in what he is doing.*

—¿Tú eres un respetado maestro judío y aún no entiendes estas cosas? [11] Te aseguro que les contamos lo que sabemos y hemos visto, y ustedes todavía se niegan a creer nuestro testimonio. [12] Ahora bien, si no me creen cuando les hablo de cosas terrenales, ¿cómo creerán si les hablo de cosas celestiales? [13] Nadie jamás fue al cielo y regresó, pero el Hijo del Hombre* bajó del cielo. [14] Y, así como Moisés levantó la serpiente de bronce en un poste en el desierto, así deberá ser levantado el Hijo del Hombre, [15] para que todo el que crea en él tenga vida eterna.*

[16] »Pues Dios amó tanto al mundo que dio a su único Hijo, para que todo el que crea en él no se pierda, sino que tenga vida eterna. [17] Dios no envió a su Hijo al mundo para condenar al mundo, sino para salvarlo por medio de él.

[18] »No hay condenación para todo el que cree en él, pero todo el que no cree en él ya ha sido condenado por no haber creído en el único Hijo de Dios. [19] Y esta condenación se basa en el siguiente hecho: la luz de Dios llegó al mundo, pero la gente amó más la oscuridad que la luz, porque sus acciones eran malvadas. [20] Todos los que hacen el mal odian la luz y se niegan a acercarse a ella porque temen que sus pecados queden al descubierto. [21] Pero los que hacen lo correcto se acercan a la luz, para que otros puedan ver que están haciendo lo que Dios quiere.*

Juan el Bautista exalta a Jesús

[22] Luego Jesús y sus discípulos salieron de Jerusalén y se fueron al campo de Judea. Jesús pasó un tiempo allí con ellos, bautizando a la gente.

[23] En ese tiempo, Juan el Bautista bautizaba en Enón, cerca de Salín, porque allí había mucha agua; y la gente iba a él para

3:13 Algunos manuscritos incluyen *quien vive en el cielo.* «Hijo del Hombre» es un título que Jesús empleaba para referirse a sí mismo.   3:15 O *todo el que crea tenga vida eterna en él.*   3:21 O *puedan ver a Dios obrando en lo que él hace.*

NEW LIVING TRANSLATION

kept coming to him for baptism. ²⁴(This was before John was thrown into prison.) ²⁵A debate broke out between John's disciples and a certain Jew* over ceremonial cleansing. ²⁶ So John's disciples came to him and said, "Rabbi, the man you met on the other side of the Jordan River, the one you identified as the Messiah, is also baptizing people. And everybody is going to him instead of coming to us."

²⁷ John replied, "No one can receive anything unless God gives it from heaven. ²⁸ You yourselves know how plainly I told you, 'I am not the Messiah. I am only here to prepare the way for him.' ²⁹ It is the bridegroom who marries the bride, and the best man is simply glad to stand with him and hear his vows. Therefore, I am filled with joy at his success. ³⁰ He must become greater and greater, and I must become less and less.

³¹ "He has come from above and is greater than anyone else. We are of the earth, and we speak of earthly things, but he has come from heaven and is greater than anyone else.* ³² He testifies about what he has seen and heard, but how few believe what he tells them! ³³Anyone who accepts his testimony can affirm that God is true. ³⁴ For he is sent by God. He speaks God's words, for God gives him the Spirit without limit. ³⁵ The Father loves his Son and has put everything into his hands. ³⁶And anyone who believes in God's Son has eternal life. Anyone who doesn't obey the Son will never experience eternal life but remains under God's angry judgment."

Jesus and the Samaritan Woman

4 Jesus* knew the Pharisees had heard that he was baptizing and making more disciples than John ² (though Jesus himself didn't baptize them—his disciples

NUEVA TRADUCCIÓN VIVIENTE

ser bautizada. ²⁴(Eso ocurrió antes de que metieran a Juan en la cárcel). ²⁵ Surgió un debate entre los discípulos de Juan y cierto judío* acerca de la purificación ceremonial. ²⁶ Entonces los discípulos de Juan fueron a decirle:

—Rabí, el hombre que estaba contigo al otro lado del río Jordán, a quien identificaste como el Mesías, también está bautizando a la gente. Y todos van a él en lugar de venir a nosotros.

²⁷ Juan respondió:

—Nadie puede recibir nada a menos que Dios se lo conceda desde el cielo. ²⁸ Ustedes saben que les dije claramente: "Yo no soy el Mesías; estoy aquí sólo para prepararle el camino a él". ²⁹ Es el novio quien se casa con la novia, y el amigo del novio simplemente se alegra de poder estar al lado del novio y oír sus votos. Por lo tanto, oír que él tiene éxito me llena de alegría. ³⁰ Él debe tener cada vez más importancia y yo, menos.

³¹»Él vino de lo alto y es superior a cualquier otro. Nosotros somos de la tierra y hablamos de cosas terrenales, pero él vino del cielo y es superior a todos.* ³² Él da testimonio de lo que ha visto y oído, ¡pero qué pocos creen en lo que les dice! ³³ Todo el que acepta su testimonio puede confirmar que Dios es veraz. ³⁴ Pues él es enviado por Dios y habla las palabras de Dios, porque Dios le da el Espíritu sin límites. ³⁵ El Padre ama a su Hijo y ha puesto todo en sus manos. ³⁶ Los que creen en el Hijo de Dios tienen vida eterna. Los que no obedecen al Hijo nunca tendrán vida eterna, sino que permanecen bajo la ira del juicio de Dios.

Jesús y la mujer samaritana

4 Jesús* sabía que los fariseos se habían enterado de que él hacía y bautizaba más discípulos que Juan ² (aunque no era Jesús mismo quien los bautizaba sino sus

3:25 Some manuscripts read *some Jews.* **3:31** Some manuscripts do not include *and is greater than anyone else.* **4:1** Some manuscripts read *The Lord.*

3:25 Algunos manuscritos dicen *algunos judíos.* **3:31** Algunos manuscritos no incluyen *y es superior a todos.* **4:1** Algunos manuscritos dicen *El Señor.*

NEW LIVING TRANSLATION

did). ³ So he left Judea and returned to Galilee.

⁴ He had to go through Samaria on the way. ⁵ Eventually he came to the Samaritan village of Sychar, near the field that Jacob gave to his son Joseph. ⁶ Jacob's well was there; and Jesus, tired from the long walk, sat wearily beside the well about noontime. ⁷ Soon a Samaritan woman came to draw water, and Jesus said to her, "Please give me a drink." ⁸ He was alone at the time because his disciples had gone into the village to buy some food.

⁹ The woman was surprised, for Jews refuse to have anything to do with Samaritans.* She said to Jesus, "You are a Jew, and I am a Samaritan woman. Why are you asking me for a drink?"

¹⁰ Jesus replied, "If you only knew the gift God has for you and who you are speaking to, you would ask me, and I would give you living water."

¹¹ "But sir, you don't have a rope or a bucket," she said, "and this well is very deep. Where would you get this living water? ¹²And besides, do you think you're greater than our ancestor Jacob, who gave us this well? How can you offer better water than he and his sons and his animals enjoyed?"

¹³ Jesus replied, "Anyone who drinks this water will soon become thirsty again. ¹⁴ But those who drink the water I give will never be thirsty again. It becomes a fresh, bubbling spring within them, giving them eternal life."

¹⁵ "Please, sir," the woman said, "give me this water! Then I'll never be thirsty again, and I won't have to come here to get water."

4:9 Some manuscripts do not include this sentence.

NUEVA TRADUCCIÓN VIVIENTE

discípulos). ³ Así que se fue de Judea y volvió a Galilea.

⁴ En el camino, tenía que pasar por Samaria. ⁵ Entonces llegó a una aldea samaritana llamada Sicar, cerca del campo que Jacob le dio a su hijo José. ⁶ Allí estaba el pozo de Jacob; y Jesús, cansado por la larga caminata, se sentó junto al pozo cerca del mediodía. ⁷ Poco después, llegó una mujer samaritana a sacar agua, y Jesús le dijo:

—Por favor, dame un poco de agua para beber.

⁸ Él estaba solo en ese momento porque sus discípulos habían ido a la aldea a comprar algo para comer.

⁹ La mujer se sorprendió, ya que los judíos rechazan todo trato con los samaritanos.* Entonces le dijo a Jesús:

—Usted es judío, y yo soy una mujer samaritana. ¿Por qué me pide agua para beber?

¹⁰ Jesús contestó:

—Si tan sólo supieras el regalo que Dios tiene para ti y con quién estás hablando, tú me pedirías a mí, y yo te daría agua viva.

¹¹ —Pero señor, usted no tiene ni una soga ni un balde —le dijo ella—, y este pozo es muy profundo. ¿De dónde va a sacar esa agua viva? ¹² Además, ¿se cree usted superior a nuestro antepasado Jacob, quien nos dio este pozo? ¿Cómo puede usted ofrecer mejor agua que la que disfrutaron él, sus hijos y sus animales?

¹³ Jesús contestó:

—Cualquiera que beba de esta agua pronto volverá a tener sed. ¹⁴ Pero todos los que beban del agua que yo doy no tendrán sed jamás. Esa agua se convierte en un manantial que brota con frescura dentro de ellos y les da vida eterna.

¹⁵ —Por favor, señor —le dijo la mujer—, ¡déme de esa agua! Así nunca más volveré a tener sed y no tendré que venir aquí a sacar agua.

4:9 Algunos manuscritos no incluyen toda esta oración.

NEW LIVING TRANSLATION

¹⁶"Go and get your husband," Jesus told her.

¹⁷"I don't have a husband," the woman replied.

Jesus said, "You're right! You don't have a husband—¹⁸for you have had five husbands, and you aren't even married to the man you're living with now. You certainly spoke the truth!"

¹⁹"Sir," the woman said, "you must be a prophet. ²⁰So tell me, why is it that you Jews insist that Jerusalem is the only place of worship, while we Samaritans claim it is here at Mount Gerizim,* where our ancestors worshiped?"

²¹Jesus replied, "Believe me, dear woman, the time is coming when it will no longer matter whether you worship the Father on this mountain or in Jerusalem. ²²You Samaritans know very little about the one you worship, while we Jews know all about him, for salvation comes through the Jews. ²³But the time is coming—indeed it's here now—when true worshipers will worship the Father in spirit and in truth. The Father is looking for those who will worship him that way. ²⁴For God is Spirit, so those who worship him must worship in spirit and in truth."

²⁵The woman said, "I know the Messiah is coming—the one who is called Christ. When he comes, he will explain everything to us."

²⁶Then Jesus told her, "I Am the Messiah!"*

²⁷Just then his disciples came back. They were shocked to find him talking to a woman, but none of them had the nerve to ask, "What do you want with her?" or "Why are you talking to her?"

4:20 Greek *on this mountain.* **4:26** Or *"The 'I Am' is here";* or *"I am the Lord";* Greek reads *"I am, the one speaking to you."* See Exod 3:14.

NUEVA TRADUCCIÓN VIVIENTE

¹⁶Jesús le dijo:

—Ve y trae a tu esposo.

¹⁷—No tengo esposo —respondió la mujer.

—Es cierto —dijo Jesús—. No tienes esposo ¹⁸porque has tenido cinco esposos y ni siquiera estás casada con el hombre con el que ahora vives. ¡Ciertamente dijiste la verdad!

¹⁹—Señor —dijo la mujer—, seguro que usted es profeta. ²⁰Así que dígame, ¿por qué ustedes, los judíos, insisten en que Jerusalén es el único lugar donde se debe adorar, mientras que nosotros, los samaritanos, afirmamos que es aquí, en el monte Gerizim,* donde adoraron nuestros antepasados?

²¹Jesús le contestó:

—Créeme, querida mujer, que se acerca el tiempo en que no tendrá importancia si se adora al Padre en este monte o en Jerusalén. ²²Ustedes, los samaritanos, saben muy poco acerca de aquel a quien adoran, mientras que nosotros, los judíos, conocemos bien a quien adoramos, porque la salvación viene por medio de los judíos. ²³Pero se acerca el tiempo —de hecho, ya ha llegado— cuando los verdaderos adoradores adorarán al Padre en espíritu y en verdad. El Padre busca personas que lo adoren de esa manera. ²⁴Pues Dios es Espíritu, por eso todos los que lo adoran deben hacerlo en espíritu y en verdad.

²⁵La mujer dijo:

—Sé que el Mesías está por venir, al que llaman Cristo. Cuando él venga, nos explicará todas las cosas.

²⁶Entonces Jesús le dijo:

—¡Yo Soy el Mesías!*

²⁷Justo en ese momento, volvieron sus discípulos. Se sorprendieron al ver que Jesús hablaba con una mujer, pero ninguno se atrevió a preguntarle: «¿Qué quieres de ella?» o «¿Por qué le hablas?».

4:20 En griego *en este monte.* **4:26** O —*¡El "Yo Soy" está aquí!*; o —*¡Yo soy el Señor!*; en griego dice —*Yo soy, el que habla contigo.* Ver Éx 3:14.

²⁸ The woman left her water jar beside the well and ran back to the village, telling everyone, ²⁹ "Come and see a man who told me everything I ever did! Could he possibly be the Messiah?" ³⁰ So the people came streaming from the village to see him.

³¹ Meanwhile, the disciples were urging Jesus, "Rabbi, eat something."

³² But Jesus replied, "I have a kind of food you know nothing about."

³³ "Did someone bring him food while we were gone?" the disciples asked each other.

³⁴ Then Jesus explained: "My nourishment comes from doing the will of God, who sent me, and from finishing his work. ³⁵ You know the saying, 'Four months between planting and harvest.' But I say, wake up and look around. The fields are already ripe* for harvest. ³⁶ The harvesters are paid good wages, and the fruit they harvest is people brought to eternal life. What joy awaits both the planter and the harvester alike! ³⁷ You know the saying, 'One plants and another harvests.' And it's true. ³⁸ I sent you to harvest where you didn't plant; others had already done the work, and now you will get to gather the harvest."

Many Samaritans Believe

³⁹ Many Samaritans from the village believed in Jesus because the woman had said, "He told me everything I ever did!" ⁴⁰ When they came out to see him, they begged him to stay in their village. So he stayed for two days, ⁴¹ long enough for many more to hear his message and believe. ⁴² Then they said to the woman, "Now we believe, not just because of what you told us, but because we have heard

4:35 Greek *white.*

²⁸ La mujer dejó su cántaro junto al pozo y volvió corriendo a la aldea mientras les decía a todos: ²⁹ «¡Vengan a ver a un hombre que me dijo todo lo que he hecho en mi vida! ¿No será éste el Mesías?». ³⁰ Así que la gente salió de la aldea para verlo.

³¹ Mientras tanto, los discípulos le insistían a Jesús:

—Rabí, come algo.

³² Pero Jesús respondió:

—Yo tengo una clase de alimento que ustedes no conocen.

³³ «¿Le habrá traído alguien de comer mientras nosotros no estábamos?» —se preguntaban los discípulos unos a otros.

³⁴ Entonces Jesús explicó:

—Mi alimento consiste en hacer la voluntad de Dios, quien me envió, y en terminar su obra. ³⁵ Ustedes conocen el dicho: "Hay cuatro meses entre la siembra y la cosecha", pero yo les digo: despierten y miren a su alrededor, los campos ya están listos* para la cosecha. ³⁶ A los segadores se les paga un buen salario, y los frutos que cosechan son personas que pasan a tener la vida eterna. ¡Qué alegría le espera tanto al que siembra como al que cosecha! ³⁷ Ya saben el dicho: "Uno siembra y otro cosecha", y es cierto. ³⁸ Yo los envié a ustedes a cosechar donde no sembraron; otros ya habían hecho el trabajo, y ahora a ustedes les toca levantar la cosecha.

Muchos samaritanos creen

³⁹ Muchos samaritanos de esa aldea creyeron en Jesús, porque la mujer había dicho: «¡Él me dijo todo lo que hice en mi vida!». ⁴⁰ Cuando salieron a verlo, le rogaron que se quedara en la aldea. Así que Jesús se quedó dos días, ⁴¹ tiempo suficiente para que muchos más escucharan su mensaje y creyeran. ⁴² Luego le dijeron a la mujer: «Ahora creemos, no sólo por lo que tú nos dijiste, sino porque lo hemos

4:35 En griego *blancos.*

him ourselves. Now we know that he is indeed the Savior of the world."

Jesus Heals an Official's Son

⁴³At the end of the two days, Jesus went on to Galilee. ⁴⁴He himself had said that a prophet is not honored in his own hometown. ⁴⁵Yet the Galileans welcomed him, for they had been in Jerusalem at the Passover celebration and had seen everything he did there.

⁴⁶As he traveled through Galilee, he came to Cana, where he had turned the water into wine. There was a government official in nearby Capernaum whose son was very sick. ⁴⁷When he heard that Jesus had come from Judea to Galilee, he went and begged Jesus to come to Capernaum to heal his son, who was about to die.

⁴⁸Jesus asked, "Will you never believe in me unless you see miraculous signs and wonders?"

⁴⁹The official pleaded, "Lord, please come now before my little boy dies."

⁵⁰Then Jesus told him, "Go back home. Your son will live!" And the man believed what Jesus said and started home.

⁵¹While the man was on his way, some of his servants met him with the news that his son was alive and well. ⁵²He asked them when the boy had begun to get better, and they replied, "Yesterday afternoon at one o'clock his fever suddenly disappeared!" ⁵³Then the father realized that that was the very time Jesus had told him, "Your son will live." And he and his entire household believed in Jesus. ⁵⁴This was the second miraculous sign Jesus did in Galilee after coming from Judea.

oído en persona. Ahora sabemos que él es realmente el Salvador del mundo».

Jesús sana al hijo de un funcionario

⁴³Pasados los dos días, Jesús siguió camino a Galilea. ⁴⁴Él mismo había declarado que un profeta no recibe honra en su propio pueblo. ⁴⁵Sin embargo, los galileos lo recibieron bien, porque habían estado en Jerusalén durante la celebración de la Pascua y habían visto todo lo que él hizo allí.

⁴⁶En su paso por Galilea, Jesús llegó a Caná, donde había convertido el agua en vino. Cerca de allí, en Capernaúm, había un funcionario de gobierno que tenía un hijo muy enfermo. ⁴⁷Cuando supo que Jesús había ido de Judea a Galilea, fue a verlo y le rogó que se dirigiera a Capernaúm para sanar a su hijo, quien estaba al borde de la muerte.

⁴⁸Jesús le preguntó:

—¿Acaso nunca van a creer en mí a menos que vean señales milagrosas y maravillas?

⁴⁹—Señor, por favor —suplicó el funcionario—, ven ahora mismo, antes de que mi hijito se muera.

⁵⁰Entonces Jesús le dijo:

—Vuelve a tu casa. ¡Tu hijo vivirá!

Y el hombre creyó lo que Jesús le dijo y emprendió el regreso a su casa.

⁵¹Mientras el funcionario iba en camino, algunos de sus sirvientes salieron a su encuentro con la noticia de que su hijo estaba vivo y sano. ⁵²Él les preguntó a qué hora el niño había comenzado a mejorar, y ellos le contestaron: «Ayer, a la una de la tarde, ¡la fiebre de pronto se le fue!». ⁵³Entonces el padre se dio cuenta de que la sanidad había ocurrido en el mismo instante en que Jesús le había dicho: «Tu hijo vivirá». Y tanto él como todos los de su casa creyeron en Jesús. ⁵⁴Ésa fue la segunda señal milagrosa que hizo Jesús en Galilea al volver de Judea.

NEW LIVING TRANSLATION

Jesus Heals a Lame Man

5 Afterward Jesus returned to Jerusalem for one of the Jewish holy days. [2] Inside the city, near the Sheep Gate, was the pool of Bethesda,* with five covered porches. [3] Crowds of sick people—blind, lame, or paralyzed—lay on the porches.* [5] One of the men lying there had been sick for thirty-eight years. [6] When Jesus saw him and knew he had been ill for a long time, he asked him, "Would you like to get well?"

[7] "I can't, sir," the sick man said, "for I have no one to put me into the pool when the water bubbles up. Someone else always gets there ahead of me."

[8] Jesus told him, "Stand up, pick up your mat, and walk!"

[9] Instantly, the man was healed! He rolled up his sleeping mat and began walking! But this miracle happened on the Sabbath, [10] so the Jewish leaders objected. They said to the man who was cured, "You can't work on the Sabbath! The law doesn't allow you to carry that sleeping mat!"

[11] But he replied, "The man who healed me told me, 'Pick up your mat and walk.'"

[12] "Who said such a thing as that?" they demanded.

[13] The man didn't know, for Jesus had disappeared into the crowd. [14] But afterward Jesus found him in the Temple and told him, "Now you are well; so stop

5:2 Other manuscripts read *Beth-zatha;* still others read *Bethsaida.* 5:3 Some manuscripts add an expanded conclusion to verse 3 and all of verse 4: *waiting for a certain movement of the water, [4]for an angel of the Lord came from time to time and stirred up the water. And the first person to step in after the water was stirred was healed of whatever disease he had.*

NUEVA TRADUCCIÓN VIVIENTE

Jesús sana a un hombre cojo

5 Después Jesús regresó a Jerusalén para la celebración de uno de los días sagrados de los judíos. [2] Dentro de la ciudad, cerca de la Puerta de las Ovejas, se encontraba el estanque de Betesda,* que tenía cinco pórticos cubiertos. [3] Una multitud de enfermos —ciegos, cojos, paralíticos— estaban tendidos en los pórticos.* [5] Uno de ellos era un hombre que hacía treinta y ocho años que estaba enfermo. [6] Cuando Jesús lo vio y supo que hacía tanto que padecía la enfermedad, le preguntó:

—¿Te gustaría recuperar la salud?

[7] —Es que no puedo, señor —contestó el enfermo—, porque no tengo a nadie que me meta en el estanque cuando se agita el agua. Siempre alguien llega antes que yo.

[8] Jesús le dijo:

—¡Ponte de pie, toma tu camilla y anda!

[9] ¡Al instante, el hombre quedó sano! Enrolló la camilla ¡y comenzó a caminar! Pero ese milagro sucedió el día de descanso, [10] así que los líderes judíos protestaron. Le dijeron al hombre que había sido sanado:

—¡No puedes trabajar el día de descanso! ¡La ley no te permite cargar esa camilla!

[11] Pero él respondió:

—El hombre que me sanó me dijo: "Toma tu camilla y anda".

[12] —¿Quién te dijo semejante cosa? —le exigieron.

[13] El hombre no lo sabía, porque Jesús había desaparecido entre la multitud. [14] Pero después, Jesús lo encontró en el templo y le dijo: «Ya estás sano; así que

5:2 Otros manuscritos dicen *Bet-zata;* incluso otros dicen *Betsaida.* 5:3 Algunos manuscritos amplían el versículo 3 e incluyen el versículo 4: *esperando un determinado movimiento del agua, [4]porque un ángel del Señor descendía de vez en cuando y agitaba el agua. Y la primera persona que se metía en el agua después de que se agitara quedaba sana de cualquier enfermedad que tuviera.*

sinning, or something even worse may happen to you." [15] Then the man went and told the Jewish leaders that it was Jesus who had healed him.

Jesus Claims to Be the Son of God

[16] So the Jewish leaders began harassing* Jesus for breaking the Sabbath rules. [17] But Jesus replied, "My Father is always working, and so am I." [18] So the Jewish leaders tried all the harder to find a way to kill him. For he not only broke the Sabbath, he called God his Father, thereby making himself equal with God.

[19] So Jesus explained, "I tell you the truth, the Son can do nothing by himself. He does only what he sees the Father doing. Whatever the Father does, the Son also does. [20] For the Father loves the Son and shows him everything he is doing. In fact, the Father will show him how to do even greater works than healing this man. Then you will truly be astonished. [21] For just as the Father gives life to those he raises from the dead, so the Son gives life to anyone he wants. [22] In addition, the Father judges no one. Instead, he has given the Son absolute authority to judge, [23] so that everyone will honor the Son, just as they honor the Father. Anyone who does not honor the Son is certainly not honoring the Father who sent him.

[24] "I tell you the truth, those who listen to my message and believe in God who sent me have eternal life. They will never be condemned for their sins, but they have already passed from death into life.

[25] "And I assure you that the time is coming, indeed it's here now, when the dead will hear my voice—the voice of the Son of God. And those who listen will live. [26] The Father has life in himself, and he has granted that same life-giving power to

5:16 Or *persecuting*.

deja de pecar o podría sucederte algo mucho peor». [15] Entonces el hombre fue a ver a los líderes judíos y les dijo que era Jesús quien lo había sanado.

Jesús afirma ser el Hijo de Dios

[16] Entonces los líderes judíos comenzaron a acosar* a Jesús por haber violado las reglas del día de descanso. [17] Pero Jesús respondió: «Mi Padre siempre trabaja, y yo también». [18] Entonces los líderes judíos se esforzaron aún más por encontrar una forma de matarlo. Pues no sólo violaba el día de descanso sino que, además, decía que Dios era su Padre, con lo cual se hacía igual a Dios.

[19] Entonces Jesús explicó: «Les digo la verdad, el Hijo no puede hacer nada por su propia cuenta, sólo hace lo que ve que el Padre hace. Todo lo que hace el Padre, también lo hace el Hijo, [20] pues el Padre ama al Hijo y le muestra todo lo que hace. De hecho, el Padre le mostrará cómo hacer cosas más trascendentes que el sanar a ese hombre. Entonces ustedes quedarán realmente asombrados. [21] Pues, así como el Padre da vida a los que resucita de los muertos, también el Hijo da vida a quien él quiere. [22] Además, el Padre no juzga a nadie, sino que le ha dado al Hijo autoridad absoluta para juzgar, [23] a fin de que todos honren al Hijo así como honran al Padre. El que no honra al Hijo, por cierto tampoco honra al Padre quien lo envió.

[24] »Les digo la verdad, todos los que escuchan mi mensaje y creen en Dios, quien me envió, tienen vida eterna. Nunca serán condenados por sus pecados, pues ya han pasado de la muerte a la vida.

[25] »Y les aseguro que se acerca el tiempo —de hecho, ya ha llegado— cuando los muertos oirán mi voz, la voz del Hijo de Dios, y los que escuchen, vivirán. [26] El Padre tiene vida en sí mismo y le ha entregado a su Hijo ese mismo poder de dar

5:16 O *perseguir*.

his Son. ²⁷And he has given him authority to judge everyone because he is the Son of Man.* ²⁸Don't be so surprised! Indeed, the time is coming when all the dead in their graves will hear the voice of God's Son, ²⁹and they will rise again. Those who have done good will rise to experience eternal life, and those who have continued in evil will rise to experience judgment. ³⁰I can do nothing on my own. I judge as God tells me. Therefore, my judgment is just, because I carry out the will of the one who sent me, not my own will.

Witnesses to Jesus

³¹"If I were to testify on my own behalf, my testimony would not be valid. ³²But someone else is also testifying about me, and I assure you that everything he says about me is true. ³³In fact, you sent investigators to listen to John the Baptist, and his testimony about me was true. ³⁴Of course, I have no need of human witnesses, but I say these things so you might be saved. ³⁵John was like a burning and shining lamp, and you were excited for a while about his message. ³⁶But I have a greater witness than John— my teachings and my miracles. The Father gave me these works to accomplish, and they prove that he sent me. ³⁷And the Father who sent me has testified about me himself. You have never heard his voice or seen him face to face, ³⁸and you do not have his message in your hearts, because you do not believe me—the one he sent to you.

³⁹"You search the Scriptures because you think they give you eternal life. But the Scriptures point to me! ⁴⁰Yet you refuse to come to me to receive this life.

⁴¹"Your approval means nothing to

5:27 "Son of Man" is a title Jesus used for himself.

vida.* ²⁷Y le ha dado autoridad para juzgar a todos, porque es el Hijo del Hombre.* ²⁸¡No se sorprendan tanto! Ciertamente, ya se acerca el tiempo en que todos los que están en las tumbas oirán la voz del Hijo de Dios ²⁹y resucitarán. Los que hicieron el bien resucitarán para gozar de la vida eterna, y los que continuaron en su maldad resucitarán para sufrir el juicio. ³⁰Yo no puedo hacer nada por mi propia cuenta; juzgo según Dios me indica. Por lo tanto, mi juicio es justo, porque llevo a cabo la voluntad del que me envió y no la mía.

Testigos de Jesús

³¹»Si yo diera testimonio en mi propio favor, mi testimonio no sería válido. ³²Pero hay otro que también da testimonio de mí, y les aseguro que todo lo que dice acerca de mí es verdad. ³³De hecho, ustedes enviaron a sus hombres para que escucharan a Juan el Bautista, y el testimonio que él dio acerca de mí fue cierto. ³⁴Por supuesto, no necesito testigos humanos, pero digo estas cosas para que ustedes sean salvos. ³⁵Juan era como una lámpara que ardía y brillaba, y ustedes se entusiasmaron con su mensaje durante un tiempo. ³⁶Pero yo tengo un testigo aún más importante que Juan: mis enseñanzas y mis milagros. El Padre me dio estas obras para que yo las realizara, y ellas prueban que él me envió. ³⁷Y el Padre mismo, quien me envió, ha dado testimonio de mí. Ustedes nunca han oído su voz ni lo han visto cara a cara, ³⁸y no tienen su mensaje en el corazón, porque no creen en mí, que soy a quien el Padre les ha enviado.

³⁹»Ustedes estudian las Escrituras a fondo porque piensan que ellas les dan vida eterna. ¡Pero las Escrituras me señalan a mí! ⁴⁰Sin embargo, ustedes se niegan a venir a mí para recibir esa vida.

⁴¹»La aprobación de ustedes no signi-

5:26 En griego y le ha dado al Hijo el tener vida en sí mismo. 5:27 «Hijo del Hombre» es un título que Jesús empleaba para referirse a sí mismo.

me, ⁴² because I know you don't have God's love within you. ⁴³ For I have come to you in my Father's name, and you have rejected me. Yet if others come in their own name, you gladly welcome them. ⁴⁴ No wonder you can't believe! For you gladly honor each other, but you don't care about the honor that comes from the one who alone is God.*

⁴⁵ "Yet it isn't I who will accuse you before the Father. Moses will accuse you! Yes, Moses, in whom you put your hopes. ⁴⁶ If you really believed Moses, you would believe me, because he wrote about me. ⁴⁷ But since you don't believe what he wrote, how will you believe what I say?"

Jesus Feeds Five Thousand

6 After this, Jesus crossed over to the far side of the Sea of Galilee, also known as the Sea of Tiberias. ²A huge crowd kept following him wherever he went, because they saw his miraculous signs as he healed the sick. ³ Then Jesus climbed a hill and sat down with his disciples around him. ⁴ (It was nearly time for the Jewish Passover celebration.) ⁵ Jesus soon saw a huge crowd of people coming to look for him. Turning to Philip, he asked, "Where can we buy bread to feed all these people?" ⁶ He was testing Philip, for he already knew what he was going to do.

⁷ Philip replied, "Even if we worked for months, we wouldn't have enough money* to feed them!"

⁸ Then Andrew, Simon Peter's brother, spoke up. ⁹ "There's a young boy here with five barley loaves and two fish. But what good is that with this huge crowd?"

5:44 Some manuscripts read *from the only One.*
6:7 Greek *Two hundred denarii would not be enough.* A denarius was equivalent to a laborer's full day's wage.

fica nada para mí, ⁴² porque sé que no tienen el amor de Dios adentro. ⁴³ Yo he venido en nombre de mi Padre, y ustedes me han rechazado. Sin embargo, si otros vienen en su propio nombre, ustedes los reciben con gusto. ⁴⁴ ¡Con razón les cuesta creer! Pues a ustedes les encanta honrarse unos a otros, pero no les importa la honra que proviene del único que es Dios.*

⁴⁵ »Sin embargo, no soy yo quien los acusará ante el Padre. ¡Moisés los acusará! Sí, Moisés, en quien ustedes han puesto su esperanza. ⁴⁶ Si en verdad le creyeran a Moisés, me creerían a mí, porque él escribió acerca de mí. ⁴⁷ Pero, como no creen en lo que él escribió, ¿cómo creerán lo que yo digo?».

Jesús alimenta a más de cinco mil

6 Después Jesús cruzó al otro lado del mar de Galilea, conocido también como el mar de Tiberias. ² Una gran multitud siempre lo seguía a todas partes porque veía las señales milagrosas que hacía cuando sanaba a los enfermos. ³ Entonces Jesús subió a una colina y se sentó allí rodeado de sus discípulos. ⁴ (Ya era casi el tiempo de la celebración de la Pascua judía). ⁵ Enseguida Jesús vio que una gran multitud venía a su encuentro. Dirigiéndose a Felipe, le preguntó:

—¿Dónde podemos comprar pan para alimentar a toda esta gente?

⁶ Lo estaba poniendo a prueba, porque Jesús ya sabía lo que iba a hacer.

⁷ Felipe contestó:

—¡Aunque trabajáramos meses enteros, no tendríamos el dinero suficiente* para alimentar a toda esta gente!

⁸ Entonces habló Andrés, el hermano de Simón Pedro: ⁹ «Aquí hay un muchachito que tiene cinco panes de cebada y dos pescados. Pero ¿de qué sirven ante esta enorme multitud?».

5:44 Algunos manuscritos dicen *del Único.* **6:7** En griego *Doscientos denarios no serían suficientes.* Un denario equivalía a la paga de un obrero por una jornada completa de trabajo.

NEW LIVING TRANSLATION

NUEVA TRADUCCIÓN VIVIENTE

¹⁰ "Tell everyone to sit down," Jesus said. So they all sat down on the grassy slopes. (The men alone numbered about 5,000.) ¹¹ Then Jesus took the loaves, gave thanks to God, and distributed them to the people. Afterward he did the same with the fish. And they all ate as much as they wanted. ¹² After everyone was full, Jesus told his disciples, "Now gather the leftovers, so that nothing is wasted." ¹³ So they picked up the pieces and filled twelve baskets with scraps left by the people who had eaten from the five barley loaves.

¹⁴ When the people saw him* do this miraculous sign, they exclaimed, "Surely, he is the Prophet we have been expecting!"* ¹⁵ When Jesus saw that they were ready to force him to be their king, he slipped away into the hills by himself.

Jesus Walks on Water

¹⁶ That evening Jesus' disciples went down to the shore to wait for him. ¹⁷ But as darkness fell and Jesus still hadn't come back, they got into the boat and headed across the lake toward Capernaum. ¹⁸ Soon a gale swept down upon them, and the sea grew very rough. ¹⁹ They had rowed three or four miles* when suddenly they saw Jesus walking on the water toward the boat. They were terrified, ²⁰ but he called out to them, "Don't be afraid. I am here!*" ²¹ Then they were eager to let him in the boat, and immediately they arrived at their destination!

Jesus, the Bread of Life

²² The next day the crowd that had stayed on the far shore saw that the disciples had

¹⁰ Jesús dijo: «Díganles a todos que se sienten». Así que todos se sentaron sobre la hierba, en las laderas. (Sólo contando a los hombres sumaban alrededor de cinco mil). ¹¹ Luego Jesús tomó los panes, dio gracias a Dios y los distribuyó entre la gente. Después hizo lo mismo con los pescados. Y todos comieron cuanto quisieron. ¹² Una vez que quedaron satisfechos, Jesús les dijo a sus discípulos: «Ahora junten lo que sobró, para que no se desperdicie nada». ¹³ Entonces ellos juntaron las sobras y llenaron doce canastos con los restos que la multitud había dejado después de comer de los cinco panes de cebada.

¹⁴ La gente, al ver la señal milagrosa que Jesús* había hecho, exclamó: «¡No hay duda de que es el Profeta que esperábamos!»*. ¹⁵ Cuando Jesús vio que estaban dispuestos a hacerlo rey a la fuerza, se escabulló hacia las colinas él solo.

Jesús camina sobre el agua

¹⁶ Al atardecer, los discípulos de Jesús bajaron a la orilla del lago para esperarlo. ¹⁷ Pero, al ver que caía la noche y Jesús aún no había vuelto, subieron a la barca y comenzaron a cruzar el lago rumbo a Capernaúm. ¹⁸ Poco después, se levantó un viento fuerte sobre ellos y el mar se agitó mucho. ¹⁹ Habían remado unos cinco o seis kilómetros* cuando de pronto vieron a Jesús caminando sobre el agua en dirección a la barca. Estaban aterrados, ²⁰ pero él exclamó: «No tengan miedo, ¡yo estoy aquí!»*. ²¹ Entonces lo recibieron con entusiasmo en la barca ¡y enseguida llegaron a su destino!

Jesús, el pan de vida

²² Al día siguiente, la multitud que se había quedado en la otra orilla del lago se dio

6:14a Some manuscripts read *Jesus.* 6:14b See Deut 18:15, 18; Mal 4:5-6. 6:19 Greek *25 or 30 stadia* [4.6 or 5.5 kilometers]. 6:20 Or *The 'I AM' is here;* Greek reads *I am.* See Exod 3:14.

6:14a Algunos manuscritos no incluyen *Jesús.* 6:14b Ver Dt 18:15, 18; Mal 4:5-6. 6:19 En griego *25 ó 30 estadios* [3 ó 4 millas]. 6:20 O ¡El "Yo soy" está aquí!; en griego dice *Yo soy.* Ver Éx 3:14.

NEW LIVING TRANSLATION

taken the only boat, and they realized Jesus had not gone with them. [23] Several boats from Tiberias landed near the place where the Lord had blessed the bread and the people had eaten. [24] So when the crowd saw that neither Jesus nor his disciples were there, they got into the boats and went across to Capernaum to look for him. [25] They found him on the other side of the lake and asked, "Rabbi, when did you get here?"

[26] Jesus replied, "I tell you the truth, you want to be with me because I fed you, not because you understood the miraculous signs. [27] But don't be so concerned about perishable things like food. Spend your energy seeking the eternal life that the Son of Man* can give you. For God the Father has given me the seal of his approval."

[28] They replied, "We want to perform God's works, too. What should we do?"

[29] Jesus told them, "This is the only work God wants from you: Believe in the one he has sent."

[30] They answered, "Show us a miraculous sign if you want us to believe in you. What can you do? [31] After all, our ancestors ate manna while they journeyed through the wilderness! The Scriptures say, 'Moses gave them bread from heaven to eat.'*"

[32] Jesus said, "I tell you the truth, Moses didn't give you bread from heaven. My Father did. And now he offers you the true bread from heaven. [33] The true bread of God is the one who comes down from heaven and gives life to the world."

[34] "Sir," they said, "give us that bread every day."

6:27 "Son of Man" is a title Jesus used for himself. 6:31 Exod 16:4; Ps 78:24.

NUEVA TRADUCCIÓN VIVIENTE

cuenta de que los discípulos habían tomado la única barca y que Jesús no había ido con ellos. [23] Varias barcas de Tiberias arribaron cerca del lugar donde el Señor había bendecido el pan y la gente había comido. [24] Cuando la multitud vio que ni Jesús ni sus discípulos estaban allí, subieron a las barcas y cruzaron el lago hasta Capernaúm para ir en busca de Jesús. [25] Lo encontraron al otro lado del lago y le preguntaron:

—Rabí, ¿cuándo llegaste acá?

[26] Jesús les contestó:

—Les digo la verdad, ustedes quieren estar conmigo porque les di de comer, no porque hayan entendido las señales milagrosas. [27] Pero no se preocupen tanto por las cosas que se echan a perder, tal como la comida. Pongan su energía en buscar la vida eterna que puede darles el Hijo del Hombre.* Pues Dios Padre me ha dado su sello de aprobación.

[28] —Nosotros también queremos realizar las obras de Dios —contestaron ellos—. ¿Qué debemos hacer?

[29] Jesús les dijo:

—La única obra que Dios quiere que hagan es que crean en quien él ha enviado.

[30] —Si quieres que creamos en ti —le respondieron—, muéstranos una señal milagrosa. ¿Qué puedes hacer? [31] Después de todo, ¡nuestros antepasados comieron maná mientras andaban por el desierto! Las Escrituras dicen: "Moisés les dio de comer pan del cielo"*.

[32] Jesús les respondió:

—Les digo la verdad, no fue Moisés quien les dio el pan del cielo, fue mi Padre. Y ahora él les ofrece el verdadero pan del cielo, [33] pues el verdadero pan de Dios es el que desciende del cielo y da vida al mundo.

[34] —Señor —le dijeron—, danos ese pan todos los días.

6:27 «Hijo del Hombre» es un título que Jesús empleaba para referirse a sí mismo. 6:31 Éx 16:4; Sal 78:24.

NEW LIVING TRANSLATION

NUEVA TRADUCCIÓN VIVIENTE

[35] Jesus replied, "I am the bread of life. Whoever comes to me will never be hungry again. Whoever believes in me will never be thirsty. [36] But you haven't believed in me even though you have seen me. [37] However, those the Father has given me will come to me, and I will never reject them. [38] For I have come down from heaven to do the will of God who sent me, not to do my own will. [39] And this is the will of God, that I should not lose even one of all those he has given me, but that I should raise them up at the last day. [40] For it is my Father's will that all who see his Son and believe in him should have eternal life. I will raise them up at the last day."

[41] Then the people* began to murmur in disagreement because he had said, "I am the bread that came down from heaven." [42] They said, "Isn't this Jesus, the son of Joseph? We know his father and mother. How can he say, 'I came down from heaven'?"

[43] But Jesus replied, "Stop complaining about what I said. [44] For no one can come to me unless the Father who sent me draws them to me, and at the last day I will raise them up. [45] As it is written in the Scriptures,* 'They will all be taught by God.' Everyone who listens to the Father and learns from him comes to me. [46] (Not that anyone has ever seen the Father; only I, who was sent from God, have seen him.)

[47] "I tell you the truth, anyone who believes has eternal life. [48] Yes, I am the bread of life! [49] Your ancestors ate manna in the wilderness, but they all died. [50] Anyone who eats the bread from heaven, however, will never die. [51] I am the living bread that came down from heaven. Anyone who eats this bread will live forever; and this bread, which I will offer so the world may live, is my flesh."

[52] Then the people began arguing with

[35] Jesús les respondió:

—Yo soy el pan de vida. El que viene a mí nunca volverá a tener hambre; el que cree en mí no tendrá sed jamás. [36] Pero ustedes no han creído en mí, a pesar de que me han visto. [37] Sin embargo, los que el Padre me ha dado, vendrán a mí, y jamás los rechazaré. [38] Pues he descendido del cielo para hacer la voluntad de Dios, quien me envió, no para hacer mi propia voluntad. [39] Y la voluntad de Dios es que yo no pierda ni a uno solo de todos los que él me dio, sino que los resucite en el día final. [40] Pues la voluntad de mi Padre es que todos los que vean a su Hijo y crean en él tengan vida eterna; y yo los resucitaré en el día final.

[41] Entonces la gente* comenzó a murmurar en desacuerdo, porque él había dicho: «Yo soy el pan que descendió del cielo». [42] Ellos se decían: «¿Acaso no es éste Jesús, el hijo de José? Conocemos a su padre y a su madre. ¿Y ahora cómo puede decir: "Yo descendí del cielo"?».

[43] Pero Jesús contestó: «Dejen de quejarse por lo que dije. [44] Pues nadie puede venir a mí a menos que me lo traiga el Padre, que me envió, y yo lo resucitaré en el día final. [45] Como dicen las Escrituras:* "A todos les enseñará Dios". Todos los que escuchan al Padre y aprenden de él, vienen a mí. [46] (No es que alguien haya visto al Padre; solamente yo lo he visto, el que Dios envió).

[47] »Les digo la verdad, todo el que cree, tiene vida eterna. [48] ¡Sí, yo soy el pan de vida! [49] Sus antepasados comieron maná en el desierto, pero todos murieron, [50] sin embargo, el que coma el pan del cielo nunca morirá. [51] Yo soy el pan vivo que descendió del cielo. Todo el que coma de este pan vivirá para siempre; y este pan, que ofreceré para que el mundo viva, es mi carne».

[52] Entonces la gente comenzó a discu-

6:41 Greek *Jewish people;* also in 6:52.   6:45 Greek *in the prophets.* Isa 54:13.

6:41 En griego *los judíos;* también en 6:52.   6:45 En griego *está escrito en los profetas.* Is 54:13.

NEW LIVING TRANSLATION

each other about what he meant. "How can this man give us his flesh to eat?" they asked.

⁵³ So Jesus said again, "I tell you the truth, unless you eat the flesh of the Son of Man and drink his blood, you cannot have eternal life within you. ⁵⁴ But anyone who eats my flesh and drinks my blood has eternal life, and I will raise that person at the last day. ⁵⁵ For my flesh is true food, and my blood is true drink. ⁵⁶ Anyone who eats my flesh and drinks my blood remains in me, and I in him. ⁵⁷ I live because of the living Father who sent me; in the same way, anyone who feeds on me will live because of me. ⁵⁸ I am the true bread that came down from heaven. Anyone who eats this bread will not die as your ancestors did (even though they ate the manna) but will live forever."

⁵⁹ He said these things while he was teaching in the synagogue in Capernaum.

Many Disciples Desert Jesus

⁶⁰ Many of his disciples said, "This is very hard to understand. How can anyone accept it?"

⁶¹ Jesus was aware that his disciples were complaining, so he said to them, "Does this offend you? ⁶² Then what will you think if you see the Son of Man ascend to heaven again? ⁶³ The Spirit alone gives eternal life. Human effort accomplishes nothing. And the very words I have spoken to you are spirit and life. ⁶⁴ But some of you do not believe me." (For Jesus knew from the beginning which ones didn't believe, and he knew who would betray him.) ⁶⁵ Then he said, "That is why I said that people can't come to me unless the Father gives them to me."

⁶⁶ At this point many of his disciples

NUEVA TRADUCCIÓN VIVIENTE

tir entre sí sobre lo que él quería decir. «¿Cómo puede este hombre darnos de comer su carne?» —se preguntaban.

⁵³ Por eso Jesús volvió a decir: «Les digo la verdad, a menos que coman la carne del Hijo del Hombre y beban su sangre, no podrán tener vida eterna en ustedes. ⁵⁴ Pero todo el que coma mi carne y beba mi sangre tendrá vida eterna, y yo lo resucitaré en el día final. ⁵⁵ Pues mi carne es verdadera comida y mi sangre es verdadera bebida. ⁵⁶ Todo el que come mi carne y bebe mi sangre permanece en mí y yo en él. ⁵⁷ Yo vivo gracias al Padre viviente que me envió; de igual manera, todo el que se alimente de mí vivirá gracias a mí. ⁵⁸ Yo soy el pan verdadero que descendió del cielo. El que coma de este pan no morirá —como les pasó a sus antepasados a pesar de haber comido el maná— sino que vivirá para siempre».

⁵⁹ Jesús dijo esas cosas mientras enseñaba en la sinagoga de Capernaúm.

Muchos discípulos abandonan a Jesús

⁶⁰ Muchos de sus discípulos decían: «Esto es muy difícil de entender. ¿Cómo puede alguien aceptarlo?»

⁶¹ Jesús era consciente de que sus discípulos se quejaban, así que les dijo: «¿Acaso esto los ofende? ⁶² ¿Qué pensarán, entonces, si ven al Hijo del Hombre ascender al cielo otra vez? ⁶³ Sólo el Espíritu da vida eterna; los esfuerzos humanos no logran nada. Y las palabras que yo les he hablado son espíritu y son vida. ⁶⁴ Pero algunos de ustedes no me creen». (Pues Jesús sabía, desde un principio, quiénes eran los que no creían y también quién lo traicionaría). ⁶⁵ Entonces les dijo: «Por eso dije que nadie puede venir a mí a menos que el Padre me lo entregue».

⁶⁶ A partir de ese momento, muchos de sus discípulos se apartaron de él y lo

NEW LIVING TRANSLATION

turned away and deserted him. [67] Then Jesus turned to the Twelve and asked, "Are you also going to leave?"

[68] Simon Peter replied, "Lord, to whom would we go? You have the words that give eternal life. [69] We believe, and we know you are the Holy One of God.*"

[70] Then Jesus said, "I chose the twelve of you, but one is a devil." [71] He was speaking of Judas, son of Simon Iscariot, one of the Twelve, who would later betray him.

Jesus and His Brothers

7 After this, Jesus traveled around Galilee. He wanted to stay out of Judea, where the Jewish leaders were plotting his death. [2] But soon it was time for the Jewish Festival of Shelters, [3] and Jesus' brothers said to him, "Leave here and go to Judea, where your followers can see your miracles! [4] You can't become famous if you hide like this! If you can do such wonderful things, show yourself to the world!" [5] For even his brothers didn't believe in him.

[6] Jesus replied, "Now is not the right time for me to go, but you can go anytime. [7] The world can't hate you, but it does hate me because I accuse it of doing evil. [8] You go on. I'm not going* to this festival, because my time has not yet come." [9] After saying these things, Jesus remained in Galilee.

Jesus Teaches Openly at the Temple

[10] But after his brothers left for the festival, Jesus also went, though secretly,

6:69 Other manuscripts read *you are the Christ, the Holy One of God*; still others read *you are the Christ, the Son of God*; and still others read *you are the Christ, the Son of the living God.* 7:8 Some manuscripts read *not yet going.*

NUEVA TRADUCCIÓN VIVIENTE

abandonaron. [67] Entonces Jesús, mirando a los Doce, les preguntó:

—¿Ustedes también van a marcharse?

[68] Simón Pedro le contestó:

—Señor, ¿a quién iríamos? Tú tienes las palabras que dan vida eterna. [69] Nosotros creemos y sabemos que tú eres el Santo de Dios.*

[70] Entonces Jesús dijo:

—Yo los elegí a ustedes doce, pero hay uno de ustedes que es un diablo.

[71] Se refería a Judas, hijo de Simón Iscariote, uno de los doce, quien más tarde lo traicionaría.

Jesús y sus hermanos

7 Después Jesús recorrió la región de Galilea. Quería alejarse de Judea, donde los líderes judíos estaban tramando su muerte. [2] Pero se acercaba el tiempo judío, el Festival de las Enramadas, [3] y los hermanos de Jesús le dijeron:

—¡Sal de aquí y vete a Judea, donde tus seguidores puedan ver tus milagros! [4] ¡No puedes hacerte famoso si te escondes así! Si tienes poder para hacer cosas tan maravillosas, ¡muéstrate al mundo!

[5] Pues ni siquiera sus hermanos creían en él.

[6] —Éste no es el mejor momento para que yo vaya —respondió Jesús—, pero ustedes pueden ir cuando quieran. [7] El mundo no puede odiarlos a ustedes, pero a mí sí me odia, porque yo lo acuso de hacer lo malo. [8] Vayan ustedes; no iré* al festival, porque todavía no ha llegado mi momento.

[9] Después de decir esas cosas, se quedó en Galilea.

Jesús enseña abiertamente en el templo

[10] Pero, después de que sus hermanos se fueron al festival, Jesús también fue,

6:69 Otros manuscritos dicen *tú eres el Cristo, el Santo de Dios*; aun otros dicen *tú eres el Cristo, el Hijo de Dios*; e incluso otros dicen *tú eres el Cristo, el Hijo del Dios viviente.* 7:8 Algunos manuscritos dicen *todavía no iré.*

staying out of public view. [11] The Jewish leaders tried to find him at the festival and kept asking if anyone had seen him. [12] There was a lot of grumbling about him among the crowds. Some argued, "He's a good man," but others said, "He's nothing but a fraud who deceives the people." [13] But no one had the courage to speak favorably about him in public, for they were afraid of getting in trouble with the Jewish leaders.

[14] Then, midway through the festival, Jesus went up to the Temple and began to teach. [15] The people* were surprised when they heard him. "How does he know so much when he hasn't been trained?" they asked.

[16] So Jesus told them, "My message is not my own; it comes from God who sent me. [17] Anyone who wants to do the will of God will know whether my teaching is from God or is merely my own. [18] Those who speak for themselves want glory only for themselves, but a person who seeks to honor the one who sent him speaks truth, not lies. [19] Moses gave you the law, but none of you obeys it! In fact, you are trying to kill me."

[20] The crowd replied, "You're demon possessed! Who's trying to kill you?"

[21] Jesus replied, "I did one miracle on the Sabbath, and you were amazed. [22] But you work on the Sabbath, too, when you obey Moses' law of circumcision. (Actually, this tradition of circumcision began with the patriarchs, long before the law of Moses.) [23] For if the correct time for circumcising your son falls on the Sabbath, you go ahead and do it so as not to break the law of Moses. So why should you be angry with me for healing a man on the

7:15 Greek *Jewish people.*

aunque en secreto, y se quedó fuera de la vista del público. [11] Los líderes judíos lo buscaron durante todo el festival y no dejaron de preguntar a la gente si alguien lo había visto. [12] Se oían muchas discusiones acerca de él entre la multitud. Unos afirmaban: «Es un buen hombre», mientras que otros decían: «No es más que un farsante que engaña a la gente». [13] Pero nadie se atrevía a hablar bien de él en público por miedo a tener problemas con los líderes judíos.

[14] Entonces, en la mitad del festival, Jesús subió al templo y comenzó a enseñar. [15] Los presentes* quedaron maravillados al oírlo. Se preguntaban: «¿Cómo es que sabe tanto sin haber estudiado?».

[16] Así que Jesús les dijo:

—Mi mensaje no es mío sino que proviene de Dios, quien me envió. [17] Todo el que quiera hacer la voluntad de Dios sabrá si lo que enseño proviene de Dios o sólo hablo por mi propia cuenta. [18] Los que hablan por su propia cuenta buscan su propia gloria, pero el que busca honrar a quien lo envió, habla con la verdad, no con mentiras. [19] ¡Moisés les dio la ley, ipero ninguno de ustedes la cumple! De hecho, tratan de matarme.

[20] —¡Estás endemoniado! —respondió la multitud—. ¿Quién trata de matarte?

[21] Jesús contestó:

—Yo hice un milagro en el día de descanso, y ustedes se asombraron. [22] Pero ustedes también trabajan en el día de descanso al obedecer la ley de la circuncisión dada por Moisés. (En realidad, la costumbre de la circuncisión comenzó con los patriarcas, mucho antes de la ley de Moisés). [23] Pues, si el tiempo indicado para circuncidar a un hijo cae justo en un día de descanso, ustedes igual realizan el acto, para no violar la ley de Moisés. Entonces ¿por qué se enojan conmigo por sanar a un hombre en el día de descanso? [24] Miren

7:15 En griego *los judíos.*

NEW LIVING TRANSLATION

Sabbath? ²⁴ Look beneath the surface so you can judge correctly."

Is Jesus the Messiah?

²⁵ Some of the people who lived in Jerusalem started to ask each other, "Isn't this the man they are trying to kill? ²⁶ But here he is, speaking in public, and they say nothing to him. Could our leaders possibly believe that he is the Messiah? ²⁷ But how could he be? For we know where this man comes from. When the Messiah comes, he will simply appear; no one will know where he comes from."

²⁸ While Jesus was teaching in the Temple, he called out, "Yes, you know me, and you know where I come from. But I'm not here on my own. The one who sent me is true, and you don't know him. ²⁹ But I know him because I come from him, and he sent me to you." ³⁰ Then the leaders tried to arrest him; but no one laid a hand on him, because his time* had not yet come.

³¹ Many among the crowds at the Temple believed in him. "After all," they said, "would you expect the Messiah to do more miraculous signs than this man has done?"

³² When the Pharisees heard that the crowds were whispering such things, they and the leading priests sent Temple guards to arrest Jesus. ³³ But Jesus told them, "I will be with you only a little longer. Then I will return to the one who sent me. ³⁴ You will search for me but not find me. And you cannot go where I am going."

³⁵ The Jewish leaders were puzzled by this statement. "Where is he planning to go?" they asked. "Is he thinking of leaving the country and going to the Jews in other lands?* Maybe he will even teach

7:30 Greek *his hour.*   7:35 Or *the Jews who live among the Greeks?*

NUEVA TRADUCCIÓN VIVIENTE

más allá de la superficie, para poder juzgar correctamente.

¿Es Jesús el Mesías?

²⁵ Algunos de los que vivían en Jerusalén comenzaron a preguntarse unos a otros: «¿No es ése el hombre a quien procuran matar? ²⁶ Sin embargo, está aquí hablando en público, y nadie le dice nada. ¿Será que nuestros líderes ahora creen que es el Mesías? ²⁷ Pero ¿cómo podría serlo? Nosotros sabemos de dónde proviene este hombre. Cuando venga el Mesías, sencillamente aparecerá; y nadie sabrá de dónde proviene».

²⁸ Mientras Jesús enseñaba en el templo, exclamó: «Es cierto, ustedes me conocen y saben de dónde provengo, pero no estoy aquí por mi propia cuenta. El que me envió es veraz, y ustedes no lo conocen. ²⁹ Pero yo sí lo conozco porque provengo de él, y él me envió a ustedes». ³⁰ Entonces los líderes trataron de arrestarlo, pero nadie le puso las manos encima, porque aún no había llegado su momento.*

³¹ De las multitudes presentes en el templo, muchos creyeron en él. «Después de todo —decían—, ¿acaso esperan que el Mesías haga más señales milagrosas que las que hizo este hombre?».

³² Cuando los fariseos se enteraron de lo que las multitudes andaban murmurando, ellos y los principales sacerdotes enviaron guardias del templo para arrestar a Jesús. ³³ Pero Jesús les dijo: «Voy a estar con ustedes sólo un poco más de tiempo, luego volveré al que me envió. ³⁴ Ustedes me buscarán pero no me encontrarán; y no pueden ir adonde yo voy».

³⁵ Desconcertados por esas palabras, los líderes judíos se preguntaban: «¿Adónde pensará ir? ¿Estará pensando salir del país e ir a los judíos dispersos en otras tierras?* ¡Tal vez hasta les enseñe a

7:30 En griego *su hora.*   7:35 O *los judíos que viven entre los griegos?*

the Greeks! [36] What does he mean when he says, 'You will search for me but not find me,' and 'You cannot go where I am going'?"

Jesus Promises Living Water

[37] On the last day, the climax of the festival, Jesus stood and shouted to the crowds, "Anyone who is thirsty may come to me! [38] Anyone who believes in me may come and drink! For the Scriptures declare, 'Rivers of living water will flow from his heart.'"* [39] (When he said "living water," he was speaking of the Spirit, who would be given to everyone believing in him. But the Spirit had not yet been given,* because Jesus had not yet entered into his glory.)

Division and Unbelief

[40] When the crowds heard him say this, some of them declared, "Surely this man is the Prophet we've been expecting."* [41] Others said, "He is the Messiah." Still others said, "But he can't be! Will the Messiah come from Galilee? [42] For the Scriptures clearly state that the Messiah will be born of the royal line of David, in Bethlehem, the village where King David was born."* [43] So the crowd was divided about him. [44] Some even wanted him arrested, but no one laid a hand on him.

[45] When the Temple guards returned without having arrested Jesus, the leading priests and Pharisees demanded, "Why didn't you bring him in?"

[46] "We have never heard anyone speak like this!" the guards responded.

[47] "Have you been led astray, too?" the Pharisees mocked. [48] "Is there a single one of us rulers or Pharisees who believes

---

7:37-38 Or *"Let anyone who is thirsty come to me and drink.* [38] *For the Scriptures declare, 'Rivers of living water will flow from the heart of anyone who believes in me.'"*
7:39 Some manuscripts read *But as yet there was no Spirit.* Still others read *But as yet there was no Holy Spirit.*   7:40 See Deut 18:15, 18; Mal 4:5-6.
7:42 See Mic 5:2.

los griegos! [36] ¿A qué se refiere cuando dice: "Me buscarán pero no me encontrarán" y "no pueden ir adonde yo voy"?».

Jesús promete agua viva

[37] El último día del festival, el más importante, Jesús se puso de pie y gritó a la multitud: «¡Todo el que tenga sed puede venir a mí! [38] ¡Todo el que crea en mí puede venir y beber! Pues las Escrituras declaran: "De su corazón, brotarán ríos de agua viva"»*. [39] (Con la expresión «agua viva», se refería al Espíritu, el cual se le daría a todo el que creyera en él. Pero el Espíritu aún no había sido dado,* porque Jesús todavía no había entrado en su gloria).

División e incredulidad

[40] Algunos de la multitud, al oír lo que Jesús decía, afirmaron: «Seguramente este hombre es el Profeta que estábamos esperando»*. [41] Otros decían: «Es el Mesías». Pero otros expresaban: «¡No puede ser! ¿Acaso el Mesías vendrá de Galilea? [42] Pues las Escrituras dicen claramente que el Mesías nacerá del linaje real de David, en Belén, la aldea donde nació el rey David»*. [43] Así que hubo división entre la multitud a causa de él. [44] Algunos querían que lo arrestaran, pero nadie le puso las manos encima.

[45] Cuando los guardias del templo regresaron sin haber arrestado a Jesús, los principales sacerdotes y los fariseos les preguntaron:

—¿Por qué no lo trajeron?

[46] —¡Jamás hemos oído a nadie hablar como él! —contestaron los guardias.

[47] —¿También ustedes se han dejado engañar? —se burlaron los fariseos—. [48] ¿Habrá siquiera uno de nosotros,

---

7:37-38 O «¡Que todo el que tenga sed venga a mí y beba! [38] Pues las Escrituras declaran: "Ríos de agua viva brotarán del corazón de todo el que crea en mí"».
7:39 Algunos manuscritos dicen *Pero aún no había Espíritu.* Aún otros dicen *Pero aún no había Espíritu Santo.*   7:40 Ver Dt 18:15, 18; Mal 4:5-6.   7:42 Ver Mi 5:2.

in him? ⁴⁹ This foolish crowd follows him, but they are ignorant of the law. God's curse is on them!"

⁵⁰ Then Nicodemus, the leader who had met with Jesus earlier, spoke up. ⁵¹ "Is it legal to convict a man before he is given a hearing?" he asked.

⁵² They replied, "Are you from Galilee, too? Search the Scriptures and see for yourself—no prophet ever comes* from Galilee!"

[*The most ancient Greek manuscripts do not include John 7:53–8:11.*]

⁵³ Then the meeting broke up, and everybody went home.

A Woman Caught in Adultery

8 Jesus returned to the Mount of Olives, ² but early the next morning he was back again at the Temple. A crowd soon gathered, and he sat down and taught them. ³ As he was speaking, the teachers of religious law and the Pharisees brought a woman who had been caught in the act of adultery. They put her in front of the crowd.

⁴ "Teacher," they said to Jesus, "this woman was caught in the act of adultery. ⁵ The law of Moses says to stone her. What do you say?"

⁶ They were trying to trap him into saying something they could use against him, but Jesus stooped down and wrote in the dust with his finger. ⁷ They kept demanding an answer, so he stood up again and said, "All right, but let the one who has never sinned throw the first stone!" ⁸ Then he stooped down again and wrote in the dust.

⁹ When the accusers heard this, they slipped away one by one, beginning with

7:52 Some manuscripts read *the prophet does not come.*

gobernantes o fariseos, que crea en él? ⁴⁹ Esa multitud tonta que lo sigue es ignorante de la ley, ¡está bajo la maldición de Dios!

⁵⁰ Entonces tomó la palabra Nicodemo, el líder que había ido a ver a Jesús:

⁵¹ —¿Es legal condenar a un hombre antes de darle la oportunidad de defenderse? —preguntó.

⁵² —¿También tú eres de Galilea? —contestaron ellos—. Estudia las Escrituras y compruébalo tú mismo: jamás ha salido un profeta* de Galilea.

---

⁵³ Así terminó la reunión, y cada uno se volvió a su casa.*

Una mujer sorprendida en adulterio

8 Jesús regresó al monte de los Olivos, ² pero, muy temprano a la mañana siguiente, estaba de vuelta en el templo. Pronto se juntó una multitud, y él se sentó a enseñarles. ³ Mientras hablaba, los maestros de la ley religiosa y los fariseos le llevaron a una mujer que había sido sorprendida en el acto de adulterio; la pusieron en medio de la multitud.

⁴ «Maestro —le dijeron a Jesús—, esta mujer fue sorprendida en el acto de adulterio. ⁵ La ley de Moisés manda apedrearla, ¿tú qué dices?».

⁶ Intentaban tenderle una trampa para que dijera algo que pudieran usar en su contra, pero Jesús se inclinó y escribió con el dedo en el polvo. ⁷ Como ellos seguían exigiéndole una respuesta, él se incorporó nuevamente y les dijo: «¡Muy bien, pero el que nunca haya pecado que tire la primera piedra!». ⁸ Luego volvió a inclinarse y siguió escribiendo en el polvo.

⁹ Al oír eso, los acusadores se fueron retirando uno tras otro, comenzando por los de más edad, hasta que quedaron sólo

7:52 Algunos manuscritos dicen *el profeta no viene.*
7:53–8:11 Los manuscritos griegos más antiguos no incluyen Juan 7:53–8:11.

NEW LIVING TRANSLATION NUEVA TRADUCCIÓN VIVIENTE

the oldest, until only Jesus was left in the middle of the crowd with the woman. [10] Then Jesus stood up again and said to the woman, "Where are your accusers? Didn't even one of them condemn you?"

[11] "No, Lord," she said.

And Jesus said, "Neither do I. Go and sin no more."

Jesus, the Light of the World

[12] Jesus spoke to the people once more and said, "I am the light of the world. If you follow me, you won't have to walk in darkness, because you will have the light that leads to life."

[13] The Pharisees replied, "You are making those claims about yourself! Such testimony is not valid."

[14] Jesus told them, "These claims are valid even though I make them about myself. For I know where I came from and where I am going, but you don't know this about me. [15] You judge me by human standards, but I do not judge anyone. [16] And if I did, my judgment would be correct in every respect because I am not alone. The Father* who sent me is with me. [17] Your own law says that if two people agree about something, their witness is accepted as fact.* [18] I am one witness, and my Father who sent me is the other."

[19] "Where is your father?" they asked.

Jesus answered, "Since you don't know who I am, you don't know who my Father is. If you knew me, you would also know my Father." [20] Jesus made these statements while he was teaching in the section of the Temple known as the Treasury. But he was not arrested, because his time* had not yet come.

8:16 Some manuscripts read *The One.* 8:17 See Deut 19:15. 8:20 Greek *his hour.*

Jesús y la mujer en medio de la multitud. [10] Entonces Jesús se incorporó de nuevo y le dijo a la mujer:

—¿Dónde están los que te acusaban? ¿Ni uno de ellos te condenó?

[11] —Ni uno, Señor —dijo ella.

—Yo tampoco —le dijo Jesús—. Vete y no peques más.

Jesús, la luz del mundo

[12] Jesús habló una vez más al pueblo y dijo: «Yo soy la luz del mundo. Si ustedes me siguen, no tendrán que andar en la oscuridad porque tendrán la luz que lleva a la vida».

[13] Los fariseos respondieron:

—¡Tú haces esas declaraciones acerca de ti mismo! Un testimonio así no es válido.

[14] —Estas afirmaciones sí son válidas, aunque las diga de mí mismo —respondió Jesús—. Pues sé de dónde vengo y adónde voy, pero eso es algo que ustedes no saben de mí. [15] Ustedes me juzgan con criterios humanos, pero yo no juzgo a nadie. [16] Y, si lo hiciera, mi juicio sería correcto en todo sentido, porque no estoy solo. El Padre,* quien me envió, está conmigo. [17] La misma ley de ustedes establece que, si dos personas concuerdan en algo, su testimonio se acepta como un hecho.* [18] Yo soy uno de los testigos, y mi Padre, quien me envió, es el otro.

[19] —¿Dónde está tu padre? —le preguntaron.

Jesús contestó:

—Como ustedes no saben quién soy yo, tampoco saben quién es mi Padre. Si me conocieran a mí, también conocerían a mi Padre.

[20] Jesús dijo todo esto mientras enseñaba en la parte del templo conocida como la tesorería. Pero no lo arrestaron, porque aún no había llegado su momento.*

8:16 Algunos manuscritos dicen *Aquél.* 8:17 Ver Dt 19:15. 8:20 En griego *su hora.*

NEW LIVING TRANSLATION

The Unbelieving People Warned

²¹ Later Jesus said to them again, "I am going away. You will search for me but will die in your sin. You cannot come where I am going."

²² The people* asked, "Is he planning to commit suicide? What does he mean, 'You cannot come where I am going'?"

²³ Jesus continued, "You are from below; I am from above. You belong to this world; I do not. ²⁴ That is why I said that you will die in your sins; for unless you believe that I Am who I claim to be,* you will die in your sins."

²⁵ "Who are you?" they demanded.

Jesus replied, "The one I have always claimed to be.* ²⁶ I have much to say about you and much to condemn, but I won't. For I say only what I have heard from the one who sent me, and he is completely truthful." ²⁷ But they still didn't understand that he was talking about his Father.

²⁸ So Jesus said, "When you have lifted up the Son of Man on the cross, then you will understand that I Am he.* I do nothing on my own but say only what the Father taught me. ²⁹ And the one who sent me is with me—he has not deserted me. For I always do what pleases him." ³⁰ Then many who heard him say these things believed in him.

Jesus and Abraham

³¹ Jesus said to the people who believed in him, "You are truly my disciples if you remain faithful to my teachings. ³² And you will know the truth, and the truth will set you free."

³³ "But we are descendants of Abraham," they said. "We have never been

8:22 Greek *Jewish people;* also in 8:31, 48, 52, 57.
8:24 Greek *unless you believe that I am.* See Exod 3:14. 8:25 Or *Why do I speak to you at all?*
8:28 Greek *When you have lifted up the Son of Man, then you will know that I am.* "Son of Man" is a title Jesus used for himself.

NUEVA TRADUCCIÓN VIVIENTE

Advertencia para los incrédulos

²¹ Más tarde, Jesús volvió a decirles: «Yo me voy, y ustedes me buscarán, pero morirán en su pecado. Adonde yo voy, ustedes no pueden ir».

²² Por lo tanto la gente* se preguntaba: «¿Estará pensando suicidarse? ¿Qué quiere decir con "no pueden ir adonde yo voy"?».

²³ Jesús continuó diciendo: «Ustedes son de abajo; yo soy de arriba. Ustedes pertenecen a este mundo; yo no. ²⁴ Por eso dije que morirán en sus pecados; porque, a menos que crean que Yo Soy quien afirmo ser,* morirán en sus pecados».

²⁵ —¿Y quién eres? —preguntaron.

—El que siempre dije que era.* ²⁶ Tengo mucho para decir acerca de ustedes y mucho para condenar, pero no lo haré. Pues digo sólo lo que oí del que me envió, y él es totalmente veraz.

²⁷ Pero ellos seguían sin entender que les hablaba de su Padre.

²⁸ Por eso Jesús dijo: «Cuando hayan levantado al Hijo del Hombre en la cruz, entonces comprenderán que Yo Soy.* Yo no hago nada por mi cuenta, sino que digo únicamente lo que el Padre me enseñó. ²⁹ Y el que me envió está conmigo, no me ha abandonado. Pues siempre hago lo que a él le agrada».

³⁰ Entonces muchos de los que oyeron sus palabras creyeron en él.

Jesús y Abraham

³¹ Jesús les dijo a los que creyeron en él:

—Ustedes son verdaderamente mis discípulos si se mantienen fieles a mis enseñanzas; ³² y conocerán la verdad, y la verdad los hará libres.

³³ —Pero nosotros somos descendientes de Abraham —le respondieron—,

8:22 En griego *los judíos;* también en 8:31, 48, 52, 57. 8:24 En griego *a menos que crean que yo soy.* Ver Éx 3:14. 8:25 O *¿Por qué hablo con ustedes?* 8:28 En griego *Cuando ustedes hayan levantado al Hijo del Hombre, entonces sabrán que yo soy.* «Hijo del Hombre» es un título que Jesús empleaba para referirse a sí mismo.

slaves to anyone. What do you mean, 'You will be set free'?"

34 Jesus replied, "I tell you the truth, everyone who sins is a slave of sin. 35 A slave is not a permanent member of the family, but a son is part of the family forever. 36 So if the Son sets you free, you are truly free. 37 Yes, I realize that you are descendants of Abraham. And yet some of you are trying to kill me because there's no room in your hearts for my message. 38 I am telling you what I saw when I was with my Father. But you are following the advice of your father."

39 "Our father is Abraham!" they declared.

"No," Jesus replied, "for if you were really the children of Abraham, you would follow his example.* 40 Instead, you are trying to kill me because I told you the truth, which I heard from God. Abraham never did such a thing. 41 No, you are imitating your real father."

They replied, "We aren't illegitimate children! God himself is our true Father."

42 Jesus told them, "If God were your Father, you would love me, because I have come to you from God. I am not here on my own, but he sent me. 43 Why can't you understand what I am saying? It's because you can't even hear me! 44 For you are the children of your father the devil, and you love to do the evil things he does. He was a murderer from the beginning. He has always hated the truth, because there is no truth in him. When he lies, it is consistent with his character; for he is a liar and the father of lies. 45 So when I tell the truth, you just naturally don't believe me! 46 Which of you can truthfully accuse me

8:39 Some manuscripts read *if you are really the children of Abraham, follow his example.*

nunca hemos sido esclavos de nadie. ¿Qué quieres decir con "los hará libres"?

34 Jesús contestó:

—Les digo la verdad, todo el que comete pecado es esclavo del pecado. 35 Un esclavo no es un miembro permanente de la familia, pero un hijo sí forma parte de la familia para siempre. 36 Así que, si el Hijo los hace libres, ustedes son verdaderamente libres. 37 Claro que me doy cuenta de que son descendientes de Abraham. Aun así, algunos de ustedes procuran matarme porque no tienen lugar para mi mensaje en su corazón. 38 Yo les cuento lo que vi cuando estaba con mi Padre, pero ustedes siguen el consejo de su padre.

39 —¡Nuestro padre es Abraham! —declararon.

—No —respondió Jesús— pues, si realmente fueran hijos de Abraham, seguirían su ejemplo.* 40 En cambio, procuran matarme porque les dije la verdad, la cual oí de Dios. Abraham nunca hizo algo así. 41 No, ustedes imitan a su verdadero padre.

—¡Nosotros no somos hijos ilegítimos! —respondieron—, Dios mismo es nuestro verdadero Padre.

42 Jesús les dijo:

—Si Dios fuera su Padre, ustedes me amarían, porque he venido a ustedes de parte de Dios. No estoy aquí por mi propia cuenta, sino que él me envió. 43 ¿Por qué no pueden entender lo que les digo? ¡Es porque ni siquiera toleran oírme! 44 Pues ustedes son hijos de su padre, el diablo, y les encanta hacer las cosas malvadas que él hace. Él ha sido asesino desde el principio y siempre ha odiado la verdad, porque en él no hay verdad. Cuando miente, actúa de acuerdo con su naturaleza porque es mentiroso y el padre de la mentira. 45 Por eso, es natural que no me crean cuando les digo la verdad. 46 ¿Quién de ustedes puede,

8:39 Algunos manuscritos dicen *si ustedes verdaderamente son hijos de Abraham, sigan su ejemplo.*

of sin? And since I am telling you the truth, why don't you believe me? ⁴⁷Anyone who belongs to God listens gladly to the words of God. But you don't listen because you don't belong to God."

⁴⁸The people retorted, "You Samaritan devil! Didn't we say all along that you were possessed by a demon?"

⁴⁹"No," Jesus said, "I have no demon in me. For I honor my Father—and you dishonor me. ⁵⁰And though I have no wish to glorify myself, God is going to glorify me. He is the true judge. ⁵¹I tell you the truth, anyone who obeys my teaching will never die!"

⁵²The people said, "Now we know you are possessed by a demon. Even Abraham and the prophets died, but you say, 'Anyone who obeys my teaching will never die!' ⁵³Are you greater than our father Abraham? He died, and so did the prophets. Who do you think you are?"

⁵⁴Jesus answered, "If I want glory for myself, it doesn't count. But it is my Father who will glorify me. You say, 'He is our God,'* ⁵⁵but you don't even know him. I know him. If I said otherwise, I would be as great a liar as you! But I do know him and obey him. ⁵⁶Your father Abraham rejoiced as he looked forward to my coming. He saw it and was glad."

⁵⁷The people said, "You aren't even fifty years old. How can you say you have seen Abraham?*"

⁵⁸Jesus answered, "I tell you the truth, before Abraham was even born, I AM!*"

8:54 Some manuscripts read *your God.* 8:57 Some manuscripts read *How can you say Abraham has seen you?* 8:58 Or *before Abraham was even born, I have always been alive;* Greek reads *before Abraham was, I am.* See Exod 3:14.

con toda sinceridad, acusarme de pecado? Y, si les digo la verdad, ¿por qué, entonces, no me creen? ⁴⁷Los que pertenecen a Dios escuchan con gusto las palabras de Dios, pero ustedes no las escuchan porque no pertenecen a Dios.

⁴⁸—¡Samaritano endemoniado! —replicaron—. ¿No veníamos diciendo que estabas poseído por un demonio?

⁴⁹—No —dijo Jesús—, no tengo ningún demonio. Pues yo honro a mi Padre; en cambio, ustedes me deshonran a mí. ⁵⁰Y, aunque no tengo ninguna intención de glorificarme a mí mismo, Dios va a glorificarme y él es el verdadero juez. ⁵¹Les digo la verdad, ¡todo el que obedezca mi enseñanza jamás morirá!

⁵²—Ahora estamos convencidos de que estás poseído por un demonio —dijeron—. Hasta Abraham y los profetas murieron, pero tú dices: "¡El que obedezca mi enseñanza nunca morirá!". ⁵³¿Acaso eres más importante que nuestro padre Abraham? Él murió, igual que los profetas. ¿Tú quién te crees que eres?

⁵⁴Jesús contestó:

—Si yo buscara mi propia gloria, esa gloria no tendría ningún valor, pero es mi Padre quien me glorificará. Ustedes dicen: "Él es nuestro Dios"*, ⁵⁵pero ni siquiera lo conocen. Yo sí lo conozco; y si dijera lo contrario, ¡sería tan mentiroso como ustedes! Pero lo conozco y lo obedezco. ⁵⁶Abraham, el padre de ustedes, se alegró mientras esperaba con ansias mi venida; la vio y se llenó de alegría.

⁵⁷Entonces la gente le dijo:

—Ni siquiera tienes cincuenta años. ¿Cómo puedes decir que has visto a Abraham?*

⁵⁸Jesús contestó:

—Les digo la verdad, ¡aun antes de que Abraham naciera, Yo Soy!*

8:54 Algunos manuscritos dicen *que él es su Dios.* 8:57 Algunos manuscritos dicen *¿Cómo puedes decir que Abraham te ha visto?* 8:58 O *¡aun antes de que Abraham naciera, yo siempre he estado vivo!;* en griego dice *antes de que Abraham fuera, yo soy.* Ver Éx 3:14.

⁵⁹At that point they picked up stones to throw at him. But Jesus was hidden from them and left the Temple.

Jesus Heals a Man Born Blind

9 As Jesus was walking along, he saw a man who had been blind from birth. ² "Rabbi," his disciples asked him, "why was this man born blind? Was it because of his own sins or his parents' sins?"

³ "It was not because of his sins or his parents' sins," Jesus answered. "This happened so the power of God could be seen in him. ⁴ We must quickly carry out the tasks assigned us by the one who sent us.* The night is coming, and then no one can work. ⁵ But while I am here in the world, I am the light of the world."

⁶ Then he spit on the ground, made mud with the saliva, and spread the mud over the blind man's eyes. ⁷ He told him, "Go wash yourself in the pool of Siloam" (Siloam means "sent"). So the man went and washed and came back seeing!

⁸ His neighbors and others who knew him as a blind beggar asked each other, "Isn't this the man who used to sit and beg?" ⁹ Some said he was, and others said, "No, he just looks like him!"

But the beggar kept saying, "Yes, I am the same one!"

¹⁰ They asked, "Who healed you? What happened?"

¹¹ He told them, "The man they call Jesus made mud and spread it over my eyes and told me, 'Go to the pool of Siloam and wash yourself.' So I went and washed, and now I can see!"

¹² "Where is he now?" they asked.

9:4 Other manuscripts read *I must quickly carry out the tasks assigned me by the one who sent me;* still others read *We must quickly carry out the tasks assigned us by the one who sent me.*

⁵⁹ En ese momento, tomaron piedras para arrojárselas, pero Jesús desapareció de la vista de ellos y salió del templo.

Jesús sana a un hombre ciego de nacimiento

9 Mientras caminaba, Jesús vio a un hombre que era ciego de nacimiento. ² —Rabí, ¿por qué nació ciego este hombre? —le preguntaron sus discípulos—. ¿Fue por sus propios pecados o por los de sus padres?

³ —No fue por sus pecados ni tampoco por los de sus padres —contestó Jesús—, nació ciego para que todos vieran el poder de Dios en él. ⁴ Debemos llevar a cabo cuanto antes las tareas que nos encargó el que nos envió.* Pronto viene la noche cuando nadie puede trabajar. ⁵ Pero, mientras estoy aquí en el mundo, yo soy la luz del mundo.

⁶ Luego escupió en el suelo, hizo lodo con la saliva y lo untó en los ojos del ciego. ⁷ Le dijo: «Ve a lavarte en el estanque de Siloé», (Siloé significa «enviado»). Entonces el hombre fue, se lavó y ¡regresó viendo!

⁸ Sus vecinos y otros que lo conocían como un pordiosero ciego se preguntaban: «¿No es ése el hombre que solía sentarse a mendigar?». ⁹ Algunos decían que sí, y otros decían: «No, sólo se le parece».

Pero el mendigo seguía diciendo: «¡Sí, soy yo!».

¹⁰ Le preguntaron:

—¿Quién te sanó? ¿Cómo sucedió?

¹¹ Él les dijo:

—El hombre al que llaman Jesús hizo lodo, me lo untó en los ojos y me dijo: "Ve al estanque de Siloé y lávate". Entonces fui, me lavé y ¡ahora puedo ver!

¹² —¿Dónde está él ahora? —le preguntaron.

9:4 Otros manuscritos dicen *Debo llevar a cabo cuanto antes las tareas que me encargó el que me envió;* incluso otros dicen *Debemos llevar a cabo lo cuanto antes las tareas que nos encargó el que me envió.*

"I don't know," he replied.

[13] Then they took the man who had been blind to the Pharisees, [14] because it was on the Sabbath that Jesus had made the mud and healed him. [15] The Pharisees asked the man all about it. So he told them, "He put the mud over my eyes, and when I washed it away, I could see!"

[16] Some of the Pharisees said, "This man Jesus is not from God, for he is working on the Sabbath." Others said, "But how could an ordinary sinner do such miraculous signs?" So there was a deep division of opinion among them.

[17] Then the Pharisees again questioned the man who had been blind and demanded, "What's your opinion about this man who healed you?"

The man replied, "I think he must be a prophet."

[18] The Jewish leaders still refused to believe the man had been blind and could now see, so they called in his parents. [19] They asked them, "Is this your son? Was he born blind? If so, how can he now see?"

[20] His parents replied, "We know this is our son and that he was born blind, [21] but we don't know how he can see or who healed him. Ask him. He is old enough to speak for himself." [22] His parents said this because they were afraid of the Jewish leaders, who had announced that anyone saying Jesus was the Messiah would be expelled from the synagogue. [23] That's why they said, "He is old enough. Ask him."

[24] So for the second time they called in the man who had been blind and told him, "God should get the glory for this,* because we know this man Jesus is a sinner."

9:24 Or *Give glory to God, not to Jesus;* Greek reads *Give glory to God.*

—No lo sé —contestó.

[13] Entonces llevaron ante los fariseos al hombre que había sido ciego, [14] porque era día de descanso cuando Jesús hizo el lodo y lo sanó. [15] Los fariseos interrogaron al hombre sobre todo lo que había sucedido y les respondió: «Él puso el lodo sobre mis ojos y, cuando me lavé, ¡pude ver!».

[16] Algunos de los fariseos decían: «Ese tal Jesús no viene de Dios porque trabaja en el día de descanso». Otros decían: «Pero ¿cómo puede un simple pecador hacer semejantes señales milagrosas?». Así que había una profunda diferencia de opiniones entre ellos.

[17] Luego los fariseos volvieron a interrogar al hombre que había sido ciego:

—¿Qué opinas del hombre que te sanó?

—Creo que debe de ser un profeta —contestó el hombre.

[18] Aún así los líderes judíos se negaban a creer que el hombre había sido ciego y ahora podía ver, así que llamaron a sus padres.

[19] —¿Es éste su hijo? —les preguntaron—. ¿Es verdad que nació ciego? Si es cierto, ¿cómo es que ahora ve?

[20] Sus padres contestaron:

—Sabemos que él es nuestro hijo y que nació ciego, [21] pero no sabemos cómo es que ahora puede ver ni quién lo sanó. Pregúntenselo a él; ya tiene edad para hablar por sí mismo.

[22] Los padres dijeron eso por miedo a los líderes judíos, quienes habían anunciado que cualquiera que dijera que Jesús era el Mesías sería expulsado de la sinagoga. [23] Por eso dijeron: «Ya tiene edad suficiente, entonces pregúntenle a él».

[24] Por segunda vez llamaron al hombre que había sido ciego y le dijeron:

—Dios debería recibir la gloria por lo que ha pasado,* porque sabemos que ese hombre, Jesús, es un pecador.

9:24 O *Dale la gloria a Dios, no a Jesús;* en griego dice *Dale la gloria a Dios.*

25 "I don't know whether he is a sinner," the man replied. "But I know this: I was blind, and now I can see!"

26 "But what did he do?" they asked. "How did he heal you?"

27 "Look!" the man exclaimed. "I told you once. Didn't you listen? Why do you want to hear it again? Do you want to become his disciples, too?"

28 Then they cursed him and said, "You are his disciple, but we are disciples of Moses! 29 We know God spoke to Moses, but we don't even know where this man comes from."

30 "Why, that's very strange!" the man replied. "He healed my eyes, and yet you don't know where he comes from? 31 We know that God doesn't listen to sinners, but he is ready to hear those who worship him and do his will. 32 Ever since the world began, no one has been able to open the eyes of someone born blind. 33 If this man were not from God, he couldn't have done it."

34 "You were born a total sinner!" they answered. "Are you trying to teach us?" And they threw him out of the synagogue.

Spiritual Blindness

35 When Jesus heard what had happened, he found the man and asked, "Do you believe in the Son of Man?*"

36 The man answered, "Who is he, sir? I want to believe in him."

37 "You have seen him," Jesus said, "and he is speaking to you!"

38 "Yes, Lord, I believe!" the man said. And he worshiped Jesus.

39 Then Jesus told him,* "I entered this world to render judgment—to give sight

9:35 Some manuscripts read *the Son of God?* "Son of Man" is a title Jesus used for himself.   9:38-39a Some manuscripts do not include *"Yes, Lord, I believe!" the man said. And he worshiped Jesus. Then Jesus told him.*

25 —Yo no sé si es un pecador —respondió el hombre—. Pero lo que sé es que yo antes era ciego ¡y ahora puedo ver!

26 —¿Pero qué fue lo que hizo? —le preguntaron—. ¿Cómo te sanó?

27 —¡Miren! —exclamó el hombre—. Ya les dije una vez. ¿Acaso no me escucharon? ¿Para qué quieren oírlo de nuevo? ¿Ustedes también quieren ser sus discípulos?

28 Entonces ellos lo insultaron y dijeron:

—Tú eres su discípulo, pero ¡nosotros somos discípulos de Moisés! 29 Sabemos que Dios le habló a Moisés, pero no sabemos ni siquiera de dónde proviene este hombre.

30 —¡Qué cosa tan extraña! —respondió el hombre—. A mí me sanó los ojos, ¿y ustedes ni siquiera saben de dónde proviene? 31 Sabemos que Dios no escucha a los pecadores pero está dispuesto a escuchar a los que lo adoran y hacen su voluntad. 32 Desde el principio del mundo, nadie ha podido abrir los ojos de un ciego de nacimiento. 33 Si este hombre no viniera de parte de Dios, no habría podido hacerlo.

34 —¡Tú naciste pecador hasta la médula! —le respondieron—. ¿Acaso tratas de enseñarnos a nosotros?

Y lo echaron de la sinagoga.

Ceguera espiritual

35 Cuando Jesús supo lo que había pasado, encontró al hombre y le preguntó:

—¿Crees en el Hijo del Hombre?*

36 —¿Quién es, señor? —contestó el hombre—. Quiero creer en él.

37 —Ya lo has visto —le dijo Jesús— ¡y está hablando contigo!

38 —¡Sí, Señor, creo! —dijo el hombre. Y adoró a Jesús.

39 Entonces Jesús le dijo:*

—Yo entré en este mundo para hacer

9:35 Algunos manuscritos dicen *el Hijo de Dios?* «Hijo del Hombre» es un título que Jesús empleaba para referirse a sí mismo.   9:38-39a Algunos manuscritos no incluyen las palabras *—¡Sí, Señor, creo! —dijo el hombre. Y adoró a Jesús. Entonces Jesús le dijo.*

to the blind and to show those who think they see* that they are blind."

⁴⁰ Some Pharisees who were standing nearby heard him and asked, "Are you saying we're blind?"

⁴¹ "If you were blind, you wouldn't be guilty," Jesus replied. "But you remain guilty because you claim you can see.

The Good Shepherd and His Sheep

10 "I tell you the truth, anyone who sneaks over the wall of a sheepfold, rather than going through the gate, must surely be a thief and a robber! ² But the one who enters through the gate is the shepherd of the sheep. ³ The gatekeeper opens the gate for him, and the sheep recognize his voice and come to him. He calls his own sheep by name and leads them out. ⁴After he has gathered his own flock, he walks ahead of them, and they follow him because they know his voice. ⁵ They won't follow a stranger; they will run from him because they don't know his voice."

⁶ Those who heard Jesus use this illustration didn't understand what he meant, ⁷ so he explained it to them: "I tell you the truth, I am the gate for the sheep. ⁸All who came before me* were thieves and robbers. But the true sheep did not listen to them. ⁹ Yes, I am the gate. Those who come in through me will be saved.* They will come and go freely and will find good pastures. ¹⁰ The thief's purpose is to steal and kill and destroy. My purpose is to give them a rich and satisfying life.

¹¹ "I am the good shepherd. The good shepherd sacrifices his life for the sheep. ¹²A hired hand will run when he sees a

9:39b Greek *those who see.* **10:8** Some manuscripts do not include *before me.* **10:9** Or *will find safety.*

juicio, para dar vista a los ciegos y para demostrarles a los que creen que ven* que, en realidad, son ciegos.

⁴⁰ Algunos fariseos que estaban cerca lo oyeron y le preguntaron:

—¿Estás diciendo que nosotros somos ciegos?

⁴¹ —Si fueran ciegos, no serían culpables —contestó Jesús—, pero siguen siendo culpables porque afirman que pueden ver.

El buen pastor y sus ovejas

10 »Les digo la verdad, el que trepa por la pared de un redil a escondidas en lugar de entrar por la puerta ¡con toda seguridad es un ladrón y un bandido! ² Pero el que entra por la puerta es el pastor de las ovejas. ³ El portero le abre la puerta, y las ovejas reconocen la voz del pastor y se le acercan. Él llama a cada una de sus ovejas por su nombre y las lleva fuera del redil. ⁴ Una vez reunido su propio rebaño, camina delante de las ovejas, y ellas lo siguen porque conocen su voz. ⁵ Nunca seguirán a un desconocido; al contrario, huirán de él porque no conocen su voz.

⁶ Los que oyeron a Jesús usar este ejemplo no entendieron lo que quiso decir, ⁷ entonces les dio la explicación: «Les digo la verdad, yo soy la puerta de las ovejas. ⁸ Todos los que vinieron antes que yo* eran ladrones y bandidos, pero las verdaderas ovejas no los escucharon. ⁹ Yo soy la puerta; los que entren a través de mí serán salvos.* Entrarán y saldrán libremente y encontrarán buenos pastos. ¹⁰ El propósito del ladrón es robar y matar y destruir; mi propósito es darles una vida plena y abundante.

¹¹ »Yo soy el buen pastor. El buen pastor da su vida en sacrificio por las ovejas. ¹² El que trabaja a sueldo sale corriendo

9:39b En griego *los que ven.* **10:8** Algunos manuscritos no incluyen *antes que yo.*
10:9 O *encontrarán seguridad.*

wolf coming. He will abandon the sheep because they don't belong to him and he isn't their shepherd. And so the wolf attacks them and scatters the flock. [13] The hired hand runs away because he's working only for the money and doesn't really care about the sheep.

[14] "I am the good shepherd; I know my own sheep, and they know me, [15] just as my Father knows me and I know the Father. So I sacrifice my life for the sheep. [16] I have other sheep, too, that are not in this sheepfold. I must bring them also. They will listen to my voice, and there will be one flock with one shepherd.

[17] "The Father loves me because I sacrifice my life so I may take it back again. [18] No one can take my life from me. I sacrifice it voluntarily. For I have the authority to lay it down when I want to and also to take it up again. For this is what my Father has commanded."

[19] When he said these things, the people* were again divided in their opinions about him. [20] Some said, "He's demon possessed and out of his mind. Why listen to a man like that?" [21] Others said, "This doesn't sound like a man possessed by a demon! Can a demon open the eyes of the blind?"

Jesus Claims to Be the Son of God

[22] It was now winter, and Jesus was in Jerusalem at the time of Hanukkah, the Festival of Dedication. [23] He was in the Temple, walking through the section known as Solomon's Colonnade. [24] The people surrounded him and asked, "How long are you going to keep us in suspense? If you are the Messiah, tell us plainly."

[25] Jesus replied, "I have already told you, and you don't believe me. The proof

10:19 Greek *Jewish people;* also in 10:24, 31.

cuando ve que se acerca un lobo; abandona las ovejas, porque no son suyas y él no es su pastor. Entonces el lobo ataca el rebaño y lo dispersa. [13] El cuidador contratado sale corriendo porque trabaja sólo por el dinero y, en realidad, no le importan las ovejas.

[14] »Yo soy el buen pastor; conozco a mis ovejas, y ellas me conocen a mí, [15] como también mi Padre me conoce a mí, y yo conozco al Padre. Así que sacrifico mi vida por las ovejas. [16] Además, tengo otras ovejas que no están en este redil, también las debo traer. Ellas escucharán mi voz, y habrá un solo rebaño con un solo pastor.

[17] »El Padre me ama, porque sacrifico mi vida para poder tomarla de nuevo. [18] Nadie puede quitarme la vida sino yo la entrego voluntariamente en sacrificio. Pues tengo la autoridad para entregarla cuando quiera y también para volver a tomarla. Esto es lo que ordenó mi Padre».

[19] Al oírlo decir esas cosas, la gente* volvió a dividirse en cuanto a su opinión sobre Jesús. [20] Algunos decían: «Está loco y endemoniado, ¿para qué escuchar a un hombre así?». [21] Otros decían: «¡No suena como alguien poseído por un demonio! ¿Acaso un demonio puede abrir los ojos de los ciegos?».

Jesús afirma ser el Hijo de Dios

[22] Ya era invierno, y Jesús estaba en Jerusalén durante el tiempo de Januká, el Festival de la Dedicación. [23] Se encontraba en el templo, caminando por la parte conocida como el pórtico de Salomón. [24] Algunas personas lo rodearon y le preguntaron:

—¿Hasta cuándo nos tendrás en suspenso? Si tú eres el Mesías, dínoslo sin vueltas.

[25] Jesús les contestó:

—Yo ya les dije, y ustedes no me creen.

10:19 En griego *los judíos;* también en 10:24, 31.

is the work I do in my Father's name.
[26] But you don't believe me because you are not my sheep. [27] My sheep listen to my voice; I know them, and they follow me. [28] I give them eternal life, and they will never perish. No one can snatch them away from me, [29] for my Father has given them to me, and he is more powerful than anyone else.* No one can snatch them from the Father's hand. [30] The Father and I are one."

[31] Once again the people picked up stones to kill him. [32] Jesus said, "At my Father's direction I have done many good works. For which one are you going to stone me?"

[33] They replied, "We're stoning you not for any good work, but for blasphemy! You, a mere man, claim to be God."

[34] Jesus replied, "It is written in your own Scriptures* that God said to certain leaders of the people, 'I say, you are gods!'* [35] And you know that the Scriptures cannot be altered. So if those people who received God's message were called 'gods,' [36] why do you call it blasphemy when I say, 'I am the Son of God'? After all, the Father set me apart and sent me into the world. [37] Don't believe me unless I carry out my Father's work. [38] But if I do his work, believe in the evidence of the miraculous works I have done, even if you don't believe me. Then you will know and understand that the Father is in me, and I am in the Father."

[39] Once again they tried to arrest him, but he got away and left them. [40] He went beyond the Jordan River near the place where John was first baptizing and stayed there awhile. [41] And many followed him. "John didn't perform miraculous signs,"

10:29 Other manuscripts read *for what my Father has given me is more powerful than anything;* still others read *for regarding that which my Father has given me, he is greater than all.* 10:34a Greek *your own law.* 10:34b Ps 82:6.

La prueba es la obra que hago en nombre de mi Padre, [26] pero ustedes no me creen porque no son mis ovejas. [27] Mis ovejas escuchan mi voz; yo las conozco, y ellas me siguen. [28] Les doy vida eterna, y nunca perecerán. Nadie puede quitármelas, [29] porque mi Padre me las ha dado, y él es más poderoso que todos.* Nadie puede quitarlas de la mano del Padre. [30] El Padre y yo somos uno.

[31] Una vez más, las personas tomaron piedras para matarlo. [32] Jesús dijo:

—Bajo la dirección de mi Padre, he realizado muchas buenas acciones. ¿Por cuál de todas ellas me van a apedrear?

[33] —No te apedreamos por ninguna buena acción ¡sino por blasfemia! —contestaron—. Tú, un hombre común y corriente, afirmas ser Dios.

[34] Jesús respondió:

—En sus propias Escrituras* está registrado que Dios les dijo a ciertos líderes del pueblo: "Yo digo que ustedes son dioses"*. [35] Y ustedes bien saben que las Escrituras no pueden ser modificadas. Así que, si a las personas que recibieron el mensaje de Dios se les llamó "dioses", [36] ¿por qué ustedes me acusan de blasfemar cuando digo: "Soy el Hijo de Dios"? Después de todo, el Padre me separó y me envió al mundo. [37] No me crean a menos que lleve a cabo las obras de mi Padre. [38] Pero, si hago su trabajo, entonces crean en las obras milagrosas que he hecho aunque no me crean a mí. Entonces sabrán y entenderán que el Padre está en mí y yo estoy en el Padre.

[39] Una vez más trataron de arrestarlo, pero él se escapó y los dejó. [40] Se fue al otro lado del río Jordán, cerca del lugar donde Juan bautizaba al principio, y se quedó un tiempo allí. [41] Y muchos lo siguieron. «Juan no hacía señales mila-

10:29 Otros manuscritos dicen *porque lo que mi Padre me ha dado es más poderoso que todo;* incluso otros dicen *porque, en cuanto a lo que mi Padre me ha dado, él es más importante que todos.* 10:34a En griego *su propia ley.* 10:34b Sal 82:6.

they remarked to one another, "but everything he said about this man has come true." ⁴²And many who were there believed in Jesus.

The Raising of Lazarus

11 A man named Lazarus was sick. He lived in Bethany with his sisters, Mary and Martha. ²This is the Mary who later poured the expensive perfume on the Lord's feet and wiped them with her hair.* Her brother, Lazarus, was sick. ³So the two sisters sent a message to Jesus telling him, "Lord, your dear friend is very sick."

⁴But when Jesus heard about it he said, "Lazarus's sickness will not end in death. No, it happened for the glory of God so that the Son of God will receive glory from this." ⁵So although Jesus loved Martha, Mary, and Lazarus, ⁶he stayed where he was for the next two days. ⁷Finally, he said to his disciples, "Let's go back to Judea."

⁸But his disciples objected. "Rabbi," they said, "only a few days ago the people* in Judea were trying to stone you. Are you going there again?"

⁹Jesus replied, "There are twelve hours of daylight every day. During the day people can walk safely. They can see because they have the light of this world. ¹⁰But at night there is danger of stumbling because they have no light." ¹¹Then he said, "Our friend Lazarus has fallen asleep, but now I will go and wake him up."

¹²The disciples said, "Lord, if he is sleeping, he will soon get better!" ¹³They thought Jesus meant Lazarus was simply

11:2 This incident is recorded in chapter 12.
11:8 Greek *Jewish people;* also in 11:19, 31, 33, 36, 45, 54.

grosas —se comentaban unos a otros—, pero todo lo que dijo acerca de este hombre resultó ser cierto». ⁴²Y muchos de los que estaban allí creyeron en Jesús.

La resurrección de Lázaro

11 Un hombre llamado Lázaro estaba enfermo. Vivía en Betania con sus hermanas María y Marta. ²María era la misma mujer que tiempo después derramó el perfume costoso sobre los pies del Señor y los secó con su cabello.* Su hermano, Lázaro, estaba enfermo. ³Así que las dos hermanas le enviaron un mensaje a Jesús que decía: «Señor, tu querido amigo está muy enfermo».

⁴Pero, cuando Jesús oyó la noticia, dijo: «La enfermedad de Lázaro no acabará en muerte. Al contrario, sucedió para la gloria de Dios, a fin de que el Hijo de Dios reciba gloria como resultado». ⁵Y, aunque Jesús amaba a Marta, a María y a Lázaro, ⁶se quedó donde estaba dos días más. ⁷Pasado ese tiempo, les dijo a sus discípulos:

—Volvamos a Judea.

⁸Pero sus discípulos se opusieron diciendo:

—Rabí, hace sólo unos días, la gente* de Judea trató de apedrearte. ¿Irás allí de nuevo?

⁹Jesús contestó:

—Cada día tiene doce horas de luz. Durante el día, la gente puede andar segura y puede ver porque tiene la luz de este mundo. ¹⁰Pero, de noche, se corre el peligro de tropezar, porque no hay luz. ¹¹Nuestro amigo Lázaro se ha dormido —agregó después—, pero ahora iré a despertarlo.

¹²—Señor —dijeron los discípulos—, si se ha dormido, ¡pronto se pondrá mejor!

¹³Ellos pensaron que Jesús había querido decir que Lázaro sólo estaba

11:2 Este incidente se relata en el capítulo 12.
11:8 En griego *los judíos;* también en 11:19, 31, 33, 36, 45, 54.

sleeping, but Jesus meant Lazarus had died.

[14] So he told them plainly, "Lazarus is dead. [15] And for your sakes, I'm glad I wasn't there, for now you will really believe. Come, let's go see him."

[16] Thomas, nicknamed the Twin,* said to his fellow disciples, "Let's go, too—and die with Jesus."

[17] When Jesus arrived at Bethany, he was told that Lazarus had already been in his grave for four days. [18] Bethany was only a few miles* down the road from Jerusalem, [19] and many of the people had come to console Martha and Mary in their loss. [20] When Martha got word that Jesus was coming, she went to meet him. But Mary stayed in the house. [21] Martha said to Jesus, "Lord, if only you had been here, my brother would not have died. [22] But even now I know that God will give you whatever you ask."

[23] Jesus told her, "Your brother will rise again."

[24] "Yes," Martha said, "he will rise when everyone else rises, at the last day."

[25] Jesus told her, "I am the resurrection and the life.* Anyone who believes in me will live, even after dying. [26] Everyone who lives in me and believes in me will never ever die. Do you believe this, Martha?"

[27] "Yes, Lord," she told him. "I have always believed you are the Messiah, the Son of God, the one who has come into the world from God." [28] Then she returned to Mary. She called Mary aside from the mourners and told her, "The Teacher is here and wants to see you." [29] So Mary immediately went to him.

11:16 Greek *Thomas, who was called Didymus.*
11:18 Greek *was about 15 stadia* [about 2.8 kilometers]. 11:25 Some manuscripts do not include *and the life.*

dormido, pero Jesús se refería a que Lázaro había muerto.

[14] Por eso les dijo claramente:

—Lázaro está muerto. [15] Y, por el bien de ustedes, me alegro de no haber estado allí, porque ahora ustedes van a creer de verdad. Vamos a verlo.

[16] Tomás, al que apodaban el Gemelo,* les dijo a los otros discípulos: «Vamos nosotros también y moriremos con Jesús».

[17] Cuando Jesús llegó a Betania, le dijeron que Lázaro ya llevaba cuatro días en la tumba. [18] Betania quedaba sólo a unos pocos kilómetros* de Jerusalén, [19] y muchos se habían acercado para consolar a Marta y a María por la pérdida de su hermano. [20] Cuando Marta se enteró de que Jesús estaba por llegar, salió a su encuentro, pero María se quedó en la casa. [21] Marta le dijo a Jesús:

—Señor, si tan sólo hubieras estado aquí, mi hermano no habría muerto. [22] Pero, aun ahora, yo sé que Dios te dará todo lo que pidas.

[23] Jesús le dijo:

—Tu hermano resucitará.

[24] —Es cierto —respondió Marta—, resucitará cuando resuciten todos, en el día final.

[25] Jesús le dijo:

—Yo soy la resurrección y la vida.* El que cree en mí vivirá aun después de haber muerto. [26] Todo el que vive en mí y cree en mí jamás morirá. ¿Lo crees, Marta?

[27] —Sí, Señor —le dijo ella—. Siempre he creído que tú eres el Mesías, el Hijo de Dios, el que ha venido de Dios al mundo.

[28] Luego Marta regresó adonde estaba María y los que se lamentaban. La llamó aparte y le dijo: «El Maestro está aquí y quiere verte». [29] Entonces María salió enseguida a su encuentro.

11:16 En griego *Tomás, a quien llamaban Dídimo.*
11:18 En griego *estaba a unos 15 estadios* [cerca de 1.7 millas]. 11:25 Algunos manuscritos no incluyen *y la vida.*

[30] Jesus had stayed outside the village, at the place where Martha met him. [31] When the people who were at the house consoling Mary saw her leave so hastily, they assumed she was going to Lazarus's grave to weep. So they followed her there. [32] When Mary arrived and saw Jesus, she fell at his feet and said, "Lord, if only you had been here, my brother would not have died."

[33] When Jesus saw her weeping and saw the other people wailing with her, a deep anger welled up within him,* and he was deeply troubled. [34] "Where have you put him?" he asked them.

They told him, "Lord, come and see." [35] Then Jesus wept. [36] The people who were standing nearby said, "See how much he loved him!" [37] But some said, "This man healed a blind man. Couldn't he have kept Lazarus from dying?"

[38] Jesus was still angry as he arrived at the tomb, a cave with a stone rolled across its entrance. [39] "Roll the stone aside," Jesus told them.

But Martha, the dead man's sister, protested, "Lord, he has been dead for four days. The smell will be terrible."

[40] Jesus responded, "Didn't I tell you that you would see God's glory if you believe?" [41] So they rolled the stone aside. Then Jesus looked up to heaven and said, "Father, thank you for hearing me. [42] You always hear me, but I said it out loud for the sake of all these people standing here, so that they will believe you sent me." [43] Then Jesus shouted, "Lazarus, come out!" [44] And the dead man came out, his hands and feet bound in graveclothes, his face wrapped in a headcloth. Jesus told them, "Unwrap him and let him go!"

11:33 Or *he was angry in his spirit.*

[30] Jesús todavía estaba fuera de la aldea, en el lugar donde se había encontrado con Marta. [31] Cuando los que estaban en la casa consolando a María la vieron salir con tanta prisa, creyeron que iba a la tumba de Lázaro a llorar. Así que la siguieron. [32] Cuando María llegó y vio a Jesús, cayó a sus pies y dijo:

—Señor, si tan sólo hubieras estado aquí, mi hermano no habría muerto.

[33] Cuando Jesús la vio llorando y vio que los demás se lamentaban con ella, se enojó en su interior* y se conmovió profundamente.

[34] —¿Dónde lo pusieron? —les preguntó.

Ellos le dijeron:

—Señor, ven a verlo.

[35] Entonces Jesús lloró. [36] Las personas que estaban cerca dijeron: «¡Miren cuánto lo amaba!». [37] Pero otros decían: «Este hombre sanó a un ciego. ¿Acaso no podía impedir que Lázaro muriera?».

[38] Jesús todavía estaba enojado cuando llegó a la tumba, una cueva con una piedra que tapaba la entrada. [39] «Corran la piedra a un lado» —les dijo Jesús.

Pero Marta, la hermana del muerto, protestó:

—Señor, hace cuatro días que murió. Debe de haber un olor espantoso.

[40] Jesús respondió:

—¿No te dije que, si crees, verás la gloria de Dios?

[41] Así que corrieron la piedra a un lado. Entonces Jesús miró al cielo y dijo: «Padre, gracias por haberme oído. [42] Tú siempre me oyes, pero lo dije en voz alta por el bien de toda esta gente que está aquí, para que crean que tú me enviaste». [43] Entonces Jesús gritó: «¡Lázaro, sal de ahí!». [44] Y el muerto salió de la tumba con las manos y los pies envueltos con vendas de entierro y la cabeza enrollada en un lienzo. Jesús les dijo: «¡Quítenle las vendas y déjenlo ir!».

11:33 O *se enojó en su espíritu.*

NEW LIVING TRANSLATION

The Plot to Kill Jesus

⁴⁵ Many of the people who were with Mary believed in Jesus when they saw this happen. ⁴⁶ But some went to the Pharisees and told them what Jesus had done. ⁴⁷ Then the leading priests and Pharisees called the high council* together. "What are we going to do?" they asked each other. "This man certainly performs many miraculous signs. ⁴⁸ If we allow him to go on like this, soon everyone will believe in him. Then the Roman army will come and destroy both our Temple* and our nation."

⁴⁹ Caiaphas, who was high priest at that time,* said, "You don't know what you're talking about! ⁵⁰ You don't realize that it's better for you that one man should die for the people than for the whole nation to be destroyed."

⁵¹ He did not say this on his own; as high priest at that time he was led to prophesy that Jesus would die for the entire nation. ⁵² And not only for that nation, but to bring together and unite all the children of God scattered around the world.

⁵³ So from that time on, the Jewish leaders began to plot Jesus' death. ⁵⁴ As a result, Jesus stopped his public ministry among the people and left Jerusalem. He went to a place near the wilderness, to the village of Ephraim, and stayed there with his disciples.

⁵⁵ It was now almost time for the Jewish Passover celebration, and many people from all over the country arrived in Jerusalem several days early so they could go through the purification ceremony before Passover began. ⁵⁶ They kept looking for Jesus, but as they stood around in the Temple, they said to each other, "What do you think? He won't come for Passover, will he?" ⁵⁷ Meanwhile, the leading priests and Pharisees had

11:47 Greek *the Sanhedrin.* 11:48 Or *our position;* Greek reads *our place.* 11:49 Greek *that year;* also in 11:51.

NUEVA TRADUCCIÓN VIVIENTE

Conspiración para matar a Jesús

⁴⁵ Al ver lo que sucedió, muchos de los que estaban con María creyeron en Jesús. ⁴⁶ Pero otros fueron a ver a los fariseos para contarles lo que Jesús había hecho. ⁴⁷ Entonces, los principales sacerdotes y los fariseos convocaron al Concilio Supremo.* «¿Qué vamos a hacer? —se preguntaron unos a otros—. Sin duda, ese hombre realiza muchas señales milagrosas. ⁴⁸ Si lo dejamos seguir así, dentro de poco todos van a creer en él. Entonces, el ejército romano vendrá y destruirá tanto nuestro templo* como nuestra nación».

⁴⁹ Caifás, quien era el sumo sacerdote en aquel tiempo,* dijo: «¡No saben de qué están hablando! ⁵⁰ No se dan cuenta de que es mejor para ustedes que muera un solo hombre por el pueblo, y no que la nación entera sea destruida».

⁵¹ No dijo eso por su propia cuenta; como sumo sacerdote en aquel tiempo, fue guiado a profetizar que Jesús moriría por toda la nación. ⁵² Y no sólo por esa nación, sino que también moriría para congregar y unir a todos los hijos de Dios dispersos por el mundo.

⁵³ Así que, a partir de ese momento, los líderes judíos comenzaron a conspirar para matar a Jesús. ⁵⁴ Como resultado, Jesús detuvo su ministerio público entre el pueblo y salió de Jerusalén. Fue a un lugar cercano al desierto, a la aldea de Efraín, y se quedó allí con sus discípulos.

⁵⁵ Ya faltaba poco para la celebración de la Pascua judía, y mucha gente de todo el país llegó a Jerusalén varios días antes para participar en la ceremonia de purificación previa al comienzo de la Pascua. ⁵⁶ Seguían buscando a Jesús pero, mientras estaban en el templo, se decían unos a otros: «¿Qué les parece? No vendrá para la Pascua, ¿verdad?». ⁵⁷ Mientras tanto,

11:47 En griego *al Sanedrín.* 11:48 O *nuestra posición;* en griego dice *nuestro lugar.* 11:49 En griego *ese año;* también en 11:51.

publicly ordered that anyone seeing Jesus must report it immediately so they could arrest him.

Jesus Anointed at Bethany

12 Six days before the Passover celebration began, Jesus arrived in Bethany, the home of Lazarus—the man he had raised from the dead. ²A dinner was prepared in Jesus' honor. Martha served, and Lazarus was among those who ate* with him. ³ Then Mary took a twelve-ounce jar* of expensive perfume made from essence of nard, and she anointed Jesus' feet with it, wiping his feet with her hair. The house was filled with the fragrance.

⁴ But Judas Iscariot, the disciple who would soon betray him, said, ⁵ "That perfume was worth a year's wages.* It should have been sold and the money given to the poor." ⁶ Not that he cared for the poor—he was a thief, and since he was in charge of the disciples' money, he often stole some for himself.

⁷ Jesus replied, "Leave her alone. She did this in preparation for my burial. ⁸ You will always have the poor among you, but you will not always have me."

⁹ When all the people* heard of Jesus' arrival, they flocked to see him and also to see Lazarus, the man Jesus had raised from the dead. ¹⁰ Then the leading priests decided to kill Lazarus, too, ¹¹ for it was because of him that many of the people had deserted them* and believed in Jesus.

12:2 Or *who reclined.* 12:3 Greek *took 1 litra* [327 grams]. 12:5 Greek *worth 300 denarii.* A denarius was equivalent to a laborer's full day's wage. 12:9 Greek *Jewish people;* also in 12:11. 12:11 Or *had deserted their traditions;* Greek reads *had deserted.*

los principales sacerdotes y los fariseos habían dado órdenes públicamente de que cualquiera que viera a Jesús avisara enseguida, para que ellos pudieran arrestarlo.

Jesús ungido en Betania

12 Seis días antes de que comenzara la celebración de la Pascua, Jesús llegó a Betania, a la casa de Lázaro, el hombre a quien él había resucitado. ² Prepararon una cena en honor de Jesús. Marta servía, y Lázaro estaba entre los que comían* con él. ³ Entonces María tomó un frasco con casi medio litro* de un costoso perfume preparado con esencia de nardo, le ungió los pies a Jesús y los secó con sus propios cabellos. La casa se llenó de la fragancia del perfume.

⁴ Pero Judas Iscariote, el discípulo que pronto lo traicionaría, dijo: ⁵ «Ese perfume valía el salario de un año.* Hubiera sido mejor venderlo para dar el dinero a los pobres». ⁶ No es que a Judas le importaran los pobres; en verdad, era un ladrón y, como estaba a cargo del dinero de los discípulos, a menudo robaba una parte para él.

⁷ Jesús respondió: «Déjala en paz. Esto lo hizo en preparación para mi entierro. ⁸ Siempre habrá pobres entre ustedes, pero a mí no siempre me tendrán».

⁹ Cuando todos los habitantes* de esa región se enteraron de que Jesús había llegado, corrieron en masa para verlo a él y también a Lázaro, el hombre al que Jesús había resucitado de los muertos. ¹⁰ Entonces los principales sacerdotes decidieron matar a Lázaro también, ¹¹ ya que, por causa de él, muchos los habían abandonado a ellos* y ahora creían en Jesús.

12:2 O *los que se reclinaban.* 12:3 En griego *tomó una libra* [12 onzas]. 12:5 En griego *valía 300 denarios.* Un denario equivalía a la paga de un obrero por una jornada completa de trabajo. 12:9 En griego *los judíos;* también en 12:11. 12:11 O *habían abandonado sus tradiciones;* en griego dice *habían abandonado.*

NEW LIVING TRANSLATION

NUEVA TRADUCCIÓN VIVIENTE

Jesus' Triumphant Entry

12 The next day, the news that Jesus was on the way to Jerusalem swept through the city. A large crowd of Passover visitors 13 took palm branches and went down the road to meet him. They shouted,

"Praise God!*
Blessings on the one who comes in
    the name of the LORD!
Hail to the King of Israel!"*

14 Jesus found a young donkey and rode on it, fulfilling the prophecy that said:

15 "Don't be afraid, people of
    Jerusalem.*
Look, your King is coming,
    riding on a donkey's colt."*

16 His disciples didn't understand at the time that this was a fulfillment of prophecy. But after Jesus entered into his glory, they remembered what had happened and realized that these things had been written about him.

17 Many in the crowd had seen Jesus call Lazarus from the tomb, raising him from the dead, and they were telling others* about it. 18 That was the reason so many went out to meet him—because they had heard about this miraculous sign. 19 Then the Pharisees said to each other, "There's nothing we can do. Look, everyone* has gone after him!"

Jesus Predicts His Death

20 Some Greeks who had come to Jerusalem for the Passover celebration 21 paid a visit to Philip, who was from Bethsaida in Galilee. They said, "Sir, we want to meet

Entrada triunfal de Jesús

12 Al día siguiente, la noticia de que Jesús iba camino a Jerusalén corrió por toda la ciudad. Una gran multitud de visitantes que habían venido para la Pascua 13 tomaron ramas de palmera y salieron al camino para recibirlo. Gritaban:

«¡Alabado sea Dios!*
¡Bendiciones al que viene en el
    nombre del SEÑOR!
¡Viva el Rey de Israel!»*.

14 Jesús encontró un burrito y se montó en él; así se cumplió la profecía que dice:

15 «No temas, pueblo de
    Jerusalén.*
Mira, tu Rey ya viene
    montado en la cría de una
    burra»*.

16 Sus discípulos no entendieron en ese momento que se trataba del cumplimiento de la profecía. Sólo después de que Jesús entró en su gloria, se acordaron de lo sucedido y se dieron cuenta de que esas cosas se habían escrito acerca de él.

17 Muchos de la multitud habían estado presentes cuando Jesús llamó a Lázaro de la tumba y lo resucitó de los muertos, y se lo habían contado a otros.* 18 Por eso tantos salieron a recibir a Jesús, porque habían oído de esa señal milagrosa. 19 Entonces los fariseos se dijeron unos a otros: «Ya no hay nada que podamos hacer. ¡Miren, todo el mundo* se va tras él!».

Jesús anuncia su muerte

20 Algunos griegos que habían ido a Jerusalén para celebrar la Pascua 21 le hicieron una visita a Felipe, que era de Betsaida de Galilea. Le dijeron: «Señor, queremos conocer a Jesús».22 Felipe se lo comentó

12:13a Greek *Hosanna*, an exclamation of praise adapted from a Hebrew expression that means "save now." 12:13b Ps 118:25-26; Zeph 3:15. 12:15a Greek *daughter of Zion.* 12:15b Zech 9:9. 12:17 Greek *were testifying.* 12:19 Greek *the world.*

12:13a En griego *Hosanna*, una exclamación de alabanza adaptada de una expresión hebrea que significa «salva ahora». 12:13b Sal 118:25-26; Sof 3:15. 12:15a En griego *hija de Sión.* 12:15b Zac 9:9. 12:17 En griego *y lo estaban testificando.* 12:19 En griego *el mundo.*

Jesus." ²²Philip told Andrew about it, and they went together to ask Jesus.

²³ Jesus replied, "Now the time has come for the Son of Man* to enter into his glory. ²⁴ I tell you the truth, unless a kernel of wheat is planted in the soil and dies, it remains alone. But its death will produce many new kernels—a plentiful harvest of new lives. ²⁵ Those who love their life in this world will lose it. Those who care nothing for their life in this world will keep it for eternity. ²⁶Anyone who wants to be my disciple must follow me, because my servants must be where I am. And the Father will honor anyone who serves me.

²⁷ "Now my soul is deeply troubled. Should I pray, 'Father, save me from this hour'? But this is the very reason I came! ²⁸ Father, bring glory to your name."

Then a voice spoke from heaven, saying, "I have already brought glory to my name, and I will do so again." ²⁹When the crowd heard the voice, some thought it was thunder, while others declared an angel had spoken to him.

³⁰Then Jesus told them, "The voice was for your benefit, not mine. ³¹ The time for judging this world has come, when Satan, the ruler of this world, will be cast out. ³²And when I am lifted up from the earth, I will draw everyone to myself." ³³ He said this to indicate how he was going to die.

³⁴ The crowd responded, "We understood from Scripture* that the Messiah would live forever. How can you say the Son of Man will die? Just who is this Son of Man, anyway?"

³⁵ Jesus replied, "My light will shine for

12:23 "Son of Man" is a title Jesus used for himself.   12:34 Greek from the law.

a Andrés, y juntos fueron a preguntarle a Jesús.

²³ Jesús respondió: «Ya ha llegado el momento para que el Hijo del Hombre* entre en su gloria. ²⁴ Les digo la verdad, el grano de trigo, a menos que sea sembrado en la tierra y muera, queda solo. Sin embargo, su muerte producirá muchos granos nuevos, una abundante cosecha de nuevas vidas. ²⁵ Los que aman su vida en este mundo la perderán. Los que no le dan importancia a su vida en este mundo la conservarán por toda la eternidad. ²⁶ Todo el que quiera ser mi discípulo debe seguirme, porque mis siervos tienen que estar donde yo estoy. El Padre honrará a todo el que me sirva.

²⁷ »Ahora mi alma está muy entristecida. ¿Acaso debería orar: "Padre, sálvame de esta hora"? ¡Pero esa es precisamente la razón por la que vine! ²⁸ Padre, glorifica tu nombre».

Entonces habló una voz del cielo: «Ya he glorificado mi nombre y lo haré otra vez». ²⁹ Al oír la voz, algunos de la multitud pensaron que era un trueno, mientras que otros decían que un ángel le había hablado.

³⁰ Entonces Jesús les dijo: «La voz fue para beneficio de ustedes, no mío. ³¹ Ha llegado el tiempo de juzgar a este mundo, cuando Satanás —quien gobierna este mundo— será expulsado. ³² Y, cuando yo sea levantado de la tierra, atraeré a todos hacia mí». ³³ Con eso quería dar a entender de qué forma iba a morir.

³⁴ La multitud respondió:

—Según entendimos de las Escrituras,* el Mesías vivirá para siempre. ¿Cómo puedes decir, entonces, que el Hijo del Hombre va a morir? Además, ¿quién es este Hijo del Hombre?

³⁵ Jesús contestó:

—Mi luz brillará para ustedes sólo un

12:23 «Hijo del Hombre» es un título que Jesús empleaba para referirse a sí mismo.   12:34 En griego de la ley.

you just a little longer. Walk in the light while you can, so the darkness will not overtake you. Those who walk in the darkness cannot see where they are going. 36 Put your trust in the light while there is still time; then you will become children of the light."

After saying these things, Jesus went away and was hidden from them.

The Unbelief of the People

37 But despite all the miraculous signs Jesus had done, most of the people still did not believe in him. 38 This is exactly what Isaiah the prophet had predicted:

"LORD, who has believed our
     message?
To whom has the LORD revealed his
     powerful arm?"*

39 But the people couldn't believe, for as Isaiah also said,

40 "The Lord has blinded their eyes
     and hardened their hearts—
so that their eyes cannot see,
     and their hearts cannot
        understand,
and they cannot turn to me
     and have me heal them."*

41 Isaiah was referring to Jesus when he said this, because he saw the future and spoke of the Messiah's glory. 42 Many people did believe in him, however, including some of the Jewish leaders. But they wouldn't admit it for fear that the Pharisees would expel them from the synagogue. 43 For they loved human praise more than the praise of God.

44 Jesus shouted to the crowds, "If you trust me, you are trusting not only me, but also God who sent me. 45 For when you see me, you are seeing the one who sent me. 46 I have come as a light to shine in this dark world, so that all who put

12:38 Isa 53:1.   12:40 Isa 6:10.

poco más de tiempo. Caminen en la luz mientras puedan, para que la oscuridad no los tome por sorpresa, porque los que andan en la oscuridad no pueden ver adónde van. 36 Pongan su confianza en la luz mientras aún haya tiempo; entonces se convertirán en hijos de la luz.

Después de decir esas cosas, Jesús salió y desapareció de la vista de ellos.

Incredulidad de la gente

37 Pero, a pesar de todas las señales milagrosas que Jesús había hecho, la mayoría de la gente aún no creía en él. 38 Eso era precisamente lo que el profeta Isaías había predicho:

«SEÑOR, ¿quién ha creído nuestro
     mensaje?
¿A quién ha revelado el SEÑOR su
     brazo poderoso?»*.

39 Pero la gente no podía creer, porque como también dijo Isaías:

40 «El Señor les ha cegado los ojos
     y les ha endurecido el corazón,
para que sus ojos no puedan ver
     y sus corazones no puedan
        entender
y ellos no puedan regresar a mí
     para que yo los sane»*.

41 Isaías se refería a Jesús cuando dijo esas palabras, porque vio el futuro y habló de la gloria del Mesías. 42 Sin embargo, hubo muchos que sí creyeron en él, entre ellos, algunos líderes judíos; pero no lo admitían por temor a que los fariseos los expulsaran de la sinagoga; 43 porque amaban más la aprobación humana que la aprobación de Dios.

44 Jesús le gritó a la multitud: «Si confían en mí, no confían sólo en mí, sino también en Dios, quien me envió. 45 Pues, cuando me ven a mí, están viendo al que me envió. 46 Yo he venido como una luz para brillar en este mundo de oscuridad,

12:38 Is 53:1.   12:40 Is 6:10.

NEW LIVING TRANSLATION

their trust in me will no longer remain in the dark. ⁴⁷ I will not judge those who hear me but don't obey me, for I have come to save the world and not to judge it. ⁴⁸ But all who reject me and my message will be judged on the day of judgment by the truth I have spoken. ⁴⁹ I don't speak on my own authority. The Father who sent me has commanded me what to say and how to say it. ⁵⁰ And I know his commands lead to eternal life; so I say whatever the Father tells me to say."

Jesus Washes His Disciples' Feet

13 Before the Passover celebration, Jesus knew that his hour had come to leave this world and return to his Father. He had loved his disciples during his ministry on earth, and now he loved them to the very end.* ² It was time for supper, and the devil had already prompted Judas,* son of Simon Iscariot, to betray Jesus. ³ Jesus knew that the Father had given him authority over everything and that he had come from God and would return to God. ⁴ So he got up from the table, took off his robe, wrapped a towel around his waist, ⁵ and poured water into a basin. Then he began to wash the disciples' feet, drying them with the towel he had around him.

⁶ When Jesus came to Simon Peter, Peter said to him, "Lord, are you going to wash my feet?"

⁷ Jesus replied, "You don't understand now what I am doing, but someday you will."

⁸ "No," Peter protested, "you will never ever wash my feet!"

Jesus replied, "Unless I wash you, you won't belong to me."

13:1 Or *he showed them the full extent of his love.*
13:2 Or *the devil had already intended for Judas.*

NUEVA TRADUCCIÓN VIVIENTE

a fin de que todos los que pongan su confianza en mí no queden más en la oscuridad. ⁴⁷ No voy a juzgar a los que me oyen pero no me obedecen, porque he venido para salvar al mundo y no para juzgarlo. ⁴⁸ Pero todos los que me rechazan a mí y rechazan mi mensaje serán juzgados el día del juicio por la verdad que yo he hablado. ⁴⁹ Yo no hablo con autoridad propia; el Padre, quien me envió, me ha ordenado qué decir y cómo decirlo. ⁵⁰ Y sé que sus mandatos llevan a la vida eterna; por eso digo todo lo que el Padre me indica que diga».

Jesús lava los pies a sus discípulos

13 Antes de la celebración de la Pascua, Jesús sabía que había llegado su momento para dejar este mundo y regresar a su Padre. Había amado a sus discípulos durante el ministerio que realizó en la tierra y ahora los amó hasta el final.* ² Era la hora de cenar, y el diablo ya había incitado a Judas, hijo de Simón Iscariote, para que traicionara* a Jesús. ³ Jesús sabía que el Padre le había dado autoridad sobre todas las cosas y que había venido de Dios y regresaría a Dios. ⁴ Así que se levantó de la mesa, se quitó el manto, se ató una toalla a la cintura ⁵ y echó agua en una palangana. Luego comenzó a lavarles los pies a los discípulos y a secárselos con la toalla que tenía en la cintura.

⁶ Cuando se acercó a Simón Pedro, éste le dijo:

—Señor, ¿tú me vas a lavar los pies a mí?

⁷ Jesús contestó:

—Ahora no entiendes lo que hago, pero algún día lo entenderás.

⁸ —¡No! —protestó Pedro—. ¡Jamás me lavarás los pies!

—Si no te lavo —respondió Jesús—, no vas a pertenecerme.

13:1 O *les mostró toda la plenitud de su amor.*
13:2 O *el diablo ya se había propuesto que Judas, hijo de Simón Iscariote, traicionara.*

NEW LIVING TRANSLATION

⁹ Simon Peter exclaimed, "Then wash my hands and head as well, Lord, not just my feet!"

¹⁰ Jesus replied, "A person who has bathed all over does not need to wash, except for the feet,* to be entirely clean. And you disciples are clean, but not all of you." ¹¹ For Jesus knew who would betray him. That is what he meant when he said, "Not all of you are clean."

¹²After washing their feet, he put on his robe again and sat down and asked, "Do you understand what I was doing? ¹³ You call me 'Teacher' and 'Lord,' and you are right, because that's what I am. ¹⁴And since I, your Lord and Teacher, have washed your feet, you ought to wash each other's feet. ¹⁵ I have given you an example to follow. Do as I have done to you. ¹⁶ I tell you the truth, slaves are not greater than their master. Nor is the messenger more important than the one who sends the message. ¹⁷ Now that you know these things, God will bless you for doing them.

Jesus Predicts His Betrayal

¹⁸ "I am not saying these things to all of you; I know the ones I have chosen. But this fulfills the Scripture that says, 'The one who eats my food has turned against me.'* ¹⁹ I tell you this beforehand, so that when it happens you will believe that I AM the Messiah.* ²⁰ I tell you the truth, anyone who welcomes my messenger is welcoming me, and anyone who welcomes me is welcoming the Father who sent me."

²¹ Now Jesus was deeply troubled,* and he exclaimed, "I tell you the truth, one of you will betray me!"

²² The disciples looked at each other,

13:10 Some manuscripts do not include *except for the feet.* 13:18 Ps 41:9. 13:19 Or *that the 'I AM' has come;* or *that I am the LORD;* Greek reads *that I am.* See Exod 3:14. 13:21 Greek *was troubled in his spirit.*

NUEVA TRADUCCIÓN VIVIENTE

⁹ —¡Entonces, lávame también las manos y la cabeza, Señor, no sólo los pies! —exclamó Simón Pedro.

¹⁰ Jesús respondió:

—Una persona que se ha bañado bien no necesita lavarse más que los pies* para estar completamente limpia. Y ustedes, discípulos, están limpios, aunque no todos.

¹¹ Pues Jesús sabía quién lo iba a traicionar. A eso se refería cuando dijo: «No todos están limpios».

¹² Después de lavarles los pies, se puso otra vez el manto, se sentó y preguntó:

—¿Entienden lo que acabo de hacer? ¹³ Ustedes me llaman "Maestro" y "Señor" y tienen razón, porque es lo que soy. ¹⁴ Y, dado que yo, su Señor y Maestro, les he lavado los pies, ustedes deben lavarse los pies unos a otros. ¹⁵ Les di mi ejemplo para que lo sigan. Hagan lo mismo que yo he hecho con ustedes. ¹⁶ Les digo la verdad, los esclavos no son superiores a su amo ni el mensajero es más importante que quien envía el mensaje. ¹⁷ Ahora que saben estas cosas, Dios los bendecirá por hacerlas.

Jesús predice la traición

¹⁸ »No les digo estas cosas a todos ustedes; yo conozco a los que he elegido. Pero es para que se cumpla la Escritura que dice: "El que come de mi comida se ha puesto en mi contra"*. ¹⁹ Les aviso de antemano, a fin de que, cuando suceda, crean que Yo Soy el Mesías.* ²⁰ Les digo la verdad, todo el que recibe a mi mensajero me recibe a mí, y el que me recibe a mí recibe al Padre, quien me envió.

²¹ Entonces Jesús, muy angustiado,* exclamó: «Les digo la verdad, ¡uno de ustedes va a traicionarme!».

²² Los discípulos se miraron unos a

13:10 Algunos manuscritos no incluyen *más que los pies.* 13:18 Sal 41:9. 13:19 O *que el "Yo Soy" ha venido;* o *que yo soy el SEÑOR;* en griego dice *que yo soy.* Ver Éx 3:14. 13:21 En griego *angustiado en su espíritu.*

NEW LIVING TRANSLATION

wondering whom he could mean. [23] The disciple Jesus loved was sitting next to Jesus at the table.* [24] Simon Peter motioned to him to ask, "Who's he talking about?" [25] So that disciple leaned over to Jesus and asked, "Lord, who is it?"

[26] Jesus responded, "It is the one to whom I give the bread I dip in the bowl." And when he had dipped it, he gave it to Judas, son of Simon Iscariot. [27] When Judas had eaten the bread, Satan entered into him. Then Jesus told him, "Hurry and do what you're going to do." [28] None of the others at the table knew what Jesus meant. [29] Since Judas was their treasurer, some thought Jesus was telling him to go and pay for the food or to give some money to the poor. [30] So Judas left at once, going out into the night.

Jesus Predicts Peter's Denial

[31] As soon as Judas left the room, Jesus said, "The time has come for the Son of Man* to enter into his glory, and God will be glorified because of him. [32] And since God receives glory because of the Son,* he will soon give glory to the Son. [33] Dear children, I will be with you only a little longer. And as I told the Jewish leaders, you will search for me, but you can't come where I am going. [34] So now I am giving you a new commandment: Love each other. Just as I have loved you, you should love each other. [35] Your love for one another will prove to the world that you are my disciples."

[36] Simon Peter asked, "Lord, where are you going?"

13:23 Greek *was reclining on Jesus' bosom.* The "disciple Jesus loved" was probably John. 13:31 "Son of Man" is a title Jesus used for himself. 13:32 Some manuscripts do not include *And since God receives glory because of the Son.*

otros sin saber a cuál se refería Jesús. [23] El discípulo a quien Jesús amaba estaba sentado a la mesa a su lado.* [24] Simón Pedro le hizo señas para que le preguntara a quién se refería. [25] Entonces, ese discípulo se inclinó hacia Jesús y le preguntó:

—Señor, ¿quién es?

[26] Jesús le contestó:

—Es aquel a quien le doy el pan que mojo en el plato.

Y, después de mojar el pan, se lo dio a Judas, el hijo de Simón Iscariote. [27] Cuando Judas comió el pan, Satanás entró en él. Entonces Jesús le dijo: «Apresúrate a hacer lo que vas a hacer». [28] Ninguno de los demás que estaban a la mesa entendió lo que Jesús quiso decir. [29] Como Judas era el tesorero del grupo, algunos pensaron que Jesús le estaba diciendo que fuera a pagar la comida o que diera algo de dinero a los pobres. [30] Así que Judas se fue enseguida y se internó en la noche.

Jesús anuncia la negación de Pedro

[31] En cuanto Judas salió del lugar, Jesús dijo: «Ha llegado el momento para que el Hijo del Hombre* entre en su gloria y, por causa de él, Dios será glorificado. [32] Y dado que Dios recibe gloria a causa del Hijo,* pronto le dará gloria al Hijo. [33] Mis queridos hijos, voy a estar con ustedes sólo un poco más de tiempo. Y, como les dije a los líderes judíos, ustedes me buscarán, pero no pueden ir adonde yo voy. [34] Así que ahora les doy un nuevo mandamiento: ámense unos a otros. Tal como yo los he amado, ustedes deben amarse unos a otros. [35] El amor que tengan unos por otros será la prueba ante el mundo de que son mis discípulos».

[36] Simón Pedro le preguntó:

13:23 En griego *estaba recostado sobre el pecho de Jesús.* El «discípulo que Jesús amaba» probablemente era Juan. 13:31 «Hijo del Hombre» era un título que Jesús empleaba para referirse a sí mismo. 13:32 Algunos manuscritos no incluyen *dado que Dios recibe gloria a causa del Hijo.*

And Jesus replied, "You can't go with me now, but you will follow me later."

[37] "But why can't I come now, Lord?" he asked. "I'm ready to die for you."

[38] Jesus answered, "Die for me? I tell you the truth, Peter—before the rooster crows tomorrow morning, you will deny three times that you even know me.

Jesus, the Way to the Father

14 "Don't let your hearts be troubled. Trust in God, and trust also in me. [2] There is more than enough room in my Father's home.* If this were not so, would I have told you that I am going to prepare a place for you?* [3] When everything is ready, I will come and get you, so that you will always be with me where I am. [4] And you know the way to where I am going."

[5] "No, we don't know, Lord," Thomas said. "We have no idea where you are going, so how can we know the way?"

[6] Jesus told him, "I am the way, the truth, and the life. No one can come to the Father except through me. [7] If you had really known me, you would know who my Father is.* From now on, you do know him and have seen him!"

[8] Philip said, "Lord, show us the Father, and we will be satisfied."

[9] Jesus replied, "Have I been with you all this time, Philip, and yet you still don't know who I am? Anyone who has seen me has seen the Father! So why are you asking me to show him to you? [10] Don't you

14:2a Or There are many rooms in my Father's house.   14:2b Or If this were not so, I would have told you that I am going to prepare a place for you. Some manuscripts read If this were not so, I would have told you. I am going to prepare a place for you.   14:7 Some manuscripts read If you have really known me, you will know who my Father is.

—Señor, ¿adónde vas?

Y Jesús contestó:

—Ahora no puedes venir conmigo, pero me seguirás después.

[37] —Pero, ¿por qué no puedo ir ahora, Señor? —le preguntó—. Estoy dispuesto a morir por ti.

[38] —¿Morir por mí? —le contestó Jesús—. Pedro, te digo la verdad, mañana por la mañana, antes de que cante el gallo, negarás tres veces que me conoces.

Jesús, el camino al Padre

14 »No dejen que el corazón se les llene de angustia; confíen en Dios y confíen también en mí. [2] En el hogar de mi Padre, hay lugar más que suficiente.* Si no fuera así, ¿acaso les habría dicho que voy a prepararles un lugar?* [3] Cuando todo esté listo, volveré para llevarlos, para que siempre estén conmigo donde yo estoy. [4] Y ustedes conocen el camino que lleva adonde voy.

[5] —No, Señor, no lo conocemos —dijo Tomás—. No tenemos ni idea de adónde vas, ¿cómo vamos a conocer el camino?

[6] Jesús le contestó:

—Yo soy el camino, la verdad y la vida; nadie puede ir al Padre si no es por medio de mí. [7] Si ustedes realmente me conocieran, también sabrían quién es mi Padre.* De ahora en adelante, ya lo conocen y lo han visto.

[8] Felipe le dijo:

—Señor, muéstranos al Padre y quedaremos conformes.

[9] Jesús respondió:

—Felipe, ¿he estado con ustedes todo este tiempo, y todavía no sabes quién soy? ¡Los que me han visto a mí han visto al Padre! Entonces, ¿cómo me pides que les muestre al Padre? [10] ¿Acaso no crees que

14:2a O Hay muchas habitaciones en la casa de mi Padre.   14:2b O Si no fuera así, les habría dicho que voy a prepararles un lugar. Algunos manuscritos dicen Si no fuera así, se los habría dicho.. Voy a prepararles un lugar.   14:7 Algunos manuscritos dicen Si realmente me han conocido, sabrán quién es mi Padre.

believe that I am in the Father and the Father is in me? The words I speak are not my own, but my Father who lives in me does his work through me. [11] Just believe that I am in the Father and the Father is in me. Or at least believe because of the work you have seen me do.

[12] "I tell you the truth, anyone who believes in me will do the same works I have done, and even greater works, because I am going to be with the Father. [13] You can ask for anything in my name, and I will do it, so that the Son can bring glory to the Father. [14] Yes, ask me for anything in my name, and I will do it!

Jesus Promises the Holy Spirit

[15] "If you love me, obey* my commandments. [16] And I will ask the Father, and he will give you another Advocate,* who will never leave you. [17] He is the Holy Spirit, who leads into all truth. The world cannot receive him, because it isn't looking for him and doesn't recognize him. But you know him, because he lives with you now and later will be in you.* [18] No, I will not abandon you as orphans—I will come to you. [19] Soon the world will no longer see me, but you will see me. Since I live, you also will live. [20] When I am raised to life again, you will know that I am in my Father, and you are in me, and I am in you. [21] Those who accept my commandments and obey them are the ones who love me. And because they love me, my Father will love them. And I will love them and reveal myself to each of them."

[22] Judas (not Judas Iscariot, but the other disciple with that name) said to him, "Lord, why are you going to reveal yourself only to us and not to the world at large?"

14:15 Other manuscripts read *you will obey;* still others read *you should obey.* 14:16 Or *Comforter,* or *Encourager,* or *Counselor.* Greek reads *Paraclete;* also in 14:26. 14:17 Some manuscripts read *and is in you.*

yo estoy en el Padre y el Padre está en mí? Las palabras que yo digo no son mías, sino que mi Padre, quien vive en mí, hace su obra por medio de mí. [11] Sólo crean que yo estoy en el Padre y el Padre está en mí; o al menos crean por las obras que me han visto hacer.

[12] »Les digo la verdad, todo el que crea en mí hará las mismas obras que yo he hecho y aún mayores, porque voy a estar con el Padre. [13] Pueden pedir cualquier cosa en mi nombre, y yo la haré, para que el Hijo le dé gloria al Padre. [14] Es cierto, pídanme cualquier cosa en mi nombre, ¡y yo la haré!

Jesús promete el Espíritu Santo

[15] »Si me aman, obedezcan* mis mandamientos. [16] Y yo le pediré al Padre, y él les dará otro Abogado Defensor,* quien estará con ustedes para siempre. [17] Me refiero al Espíritu Santo, quien guía a toda la verdad. El mundo no puede recibirlo porque no lo busca ni lo reconoce. Pero ustedes sí lo conocen, porque ahora él vive con ustedes y después estará en ustedes.* [18] No los abandonaré como a huérfanos; vendré a ustedes. [19] Dentro de poco, el mundo no me verá más, pero ustedes sí me verán. Dado que yo vivo, ustedes también vivirán. [20] Cuando yo vuelva a la vida, ustedes sabrán que estoy en mi Padre y que ustedes están en mí y yo, en ustedes. [21] Los que aceptan mis mandamientos y los obedecen son los que me aman. Y, porque me aman a mí, mi Padre los amará a ellos. Y yo los amaré y me daré a conocer a cada uno de ellos.

[22] Judas (no Judas Iscariote, sino el otro discípulo con el mismo nombre) le dijo:

—Señor, ¿por qué te darás a conocer sólo a nosotros y no al mundo en general?

14:15 Otros manuscritos dicen *obedecerán;* incluso otros dicen *deben obedecer.* 14:16 O *Consolador,* o *Alentador,* o *Consejero.* En griego dice *Paráclito;* también en 14:26. 14:17 Algunos manuscritos dicen *y está en ustedes.*

NEW LIVING TRANSLATION

²³ Jesus replied, "All who love me will do what I say. My Father will love them, and we will come and make our home with each of them. ²⁴ Anyone who doesn't love me will not obey me. And remember, my words are not my own. What I am telling you is from the Father who sent me. ²⁵ I am telling you these things now while I am still with you. ²⁶ But when the Father sends the Advocate as my representative—that is, the Holy Spirit—he will teach you everything and will remind you of everything I have told you.

²⁷ "I am leaving you with a gift—peace of mind and heart. And the peace I give is a gift the world cannot give. So don't be troubled or afraid. ²⁸ Remember what I told you: I am going away, but I will come back to you again. If you really loved me, you would be happy that I am going to the Father, who is greater than I am. ²⁹ I have told you these things before they happen so that when they do happen, you will believe.

³⁰ "I don't have much more time to talk to you, because the ruler of this world approaches. He has no power over me, ³¹ but I will do what the Father requires of me, so that the world will know that I love the Father. Come, let's be going.

Jesus, the True Vine

15 "I am the true grapevine, and my Father is the gardener. ² He cuts off every branch of mine that doesn't produce fruit, and he prunes the branches that do bear fruit so they will produce even more. ³ You have already been pruned and purified by the message I have given you. ⁴ Remain in me, and I will remain in you. For a branch cannot produce fruit if it is severed from the vine, and you cannot be fruitful unless you remain in me.

⁵ "Yes, I am the vine; you are the branches. Those who remain in me, and I

NUEVA TRADUCCIÓN VIVIENTE

²³ Jesús contestó:

—Todos los que me aman harán lo que yo diga. Mi Padre los amará, y vendremos para vivir con cada uno de ellos. ²⁴ El que no me ama no me obedece. Y recuerden, mis palabras no son mías, lo que les hablo proviene del Padre, quien me envió. ²⁵ Les digo estas cosas ahora, mientras todavía estoy con ustedes. ²⁶ Pero, cuando el Padre envíe al Abogado Defensor como mi representante —es decir, al Espíritu Santo—, él les enseñará todo y les recordará cada cosa que les he dicho.

²⁷ »Les dejo un regalo: paz en la mente y en el corazón. Y la paz que yo doy es un regalo que el mundo no puede dar. Así que no se angustien ni tengan miedo. ²⁸ Recuerden lo que les dije: me voy, pero volveré a ustedes. Si de veras me amaran, se alegrarían de que voy al Padre, quien es más importante que yo. ²⁹ Les he dicho estas cosas antes de que sucedan para que, cuando sucedan, ustedes crean.

³⁰ »No me queda mucho tiempo para hablar con ustedes, porque se acerca el que gobierna este mundo. Él no tiene ningún poder sobre mí, ³¹ pero haré lo que el Padre me manda, para que el mundo sepa que amo al Padre. Vamos, salgamos de aquí.

Jesús, la vid verdadera

15 »Yo soy la vid verdadera, y mi Padre es el labrador. ² Él corta de mí toda rama que no produce fruto y poda las ramas que sí dan fruto, para que den aún más. ³ Ustedes ya han sido podados y purificados por el mensaje que les di. ⁴ Permanezcan en mí, y yo permaneceré en ustedes. Pues una rama no puede producir fruto si la cortan de la vid, y ustedes tampoco pueden ser fructíferos a menos que permanezcan en mí.

⁵ »Ciertamente, yo soy la vid; ustedes son las ramas. Los que permanecen en mí y yo en ellos producirán mucho fruto

in them, will produce much fruit. For apart from me you can do nothing. [6]Anyone who does not remain in me is thrown away like a useless branch and withers. Such branches are gathered into a pile to be burned. [7]But if you remain in me and my words remain in you, you may ask for anything you want, and it will be granted! [8]When you produce much fruit, you are my true disciples. This brings great glory to my Father.

[9]"I have loved you even as the Father has loved me. Remain in my love. [10]When you obey my commandments, you remain in my love, just as I obey my Father's commandments and remain in his love. [11]I have told you these things so that you will be filled with my joy. Yes, your joy will overflow! [12]This is my commandment: Love each other in the same way I have loved you. [13]There is no greater love than to lay down one's life for one's friends. [14]You are my friends if you do what I command. [15]I no longer call you slaves, because a master doesn't confide in his slaves. Now you are my friends, since I have told you everything the Father told me. [16]You didn't choose me. I chose you. I appointed you to go and produce lasting fruit, so that the Father will give you whatever you ask for, using my name. [17]This is my command: Love each other.

The World's Hatred

[18]"If the world hates you, remember that it hated me first. [19]The world would love you as one of its own if you belonged to it, but you are no longer part of the world. I chose you to come out of the world, so it hates you. [20]Do you remember what I told you? 'A slave is not greater than the master.' Since they persecuted me, naturally they will persecute you. And if they had listened to me, they would listen to you.

porque, separados de mí, no pueden hacer nada. [6]El que no permanece en mí es desechado como rama inútil y se seca. Todas esas ramas se juntan en un montón para quemarlas en el fuego. [7]Pero, si ustedes permanecen en mí y mis palabras permanecen en ustedes, pueden pedir lo que quieran ¡y les será concedido! [8]Cuando producen mucho fruto, demuestran que son mis verdaderos discípulos. Eso le da mucha gloria a mi Padre.

[9]»Yo los he amado a ustedes tanto como el Padre me ha amado a mí. Permanezcan en mi amor. [10]Cuando obedecen mis mandamientos, permanecen en mi amor, así como yo obedezco los mandamientos de mi Padre y permanezco en su amor. [11]Les he dicho estas cosas para que se llenen de mi gozo; así es, desbordarán de gozo. [12]Éste es mi mandamiento: Ámense unos a otros de la misma manera en que yo los he amado. [13]No hay un amor más grande que el dar la vida por los amigos. [14]Ustedes son mis amigos si hacen lo que yo les mando. [15]Ya no los llamo esclavos, porque el amo no confía sus asuntos a los esclavos. Ustedes ahora son mis amigos, porque les he contado todo lo que el Padre me dijo. [16]Ustedes no me eligieron a mí, yo los elegí a ustedes. Les encargué que vayan y produzcan frutos duraderos, así el Padre les dará todo lo que pidan en mi nombre. [17]Éste es mi mandato: ámense unos a otros.

Odio del mundo

[18]»Si el mundo los odia, recuerden que a mí me odió primero. [19]Si pertenecieran al mundo, el mundo los amaría como a uno de los suyos, pero ustedes ya no forman parte del mundo. Yo los elegí para que salieran del mundo, por eso el mundo los odia. [20]¿Recuerdan lo que les dije? "El esclavo no es superior a su amo". Ya que me persiguieron a mí, también a ustedes los perseguirán. Y, si me

[21] They will do all this to you because of me, for they have rejected the one who sent me. [22] They would not be guilty if I had not come and spoken to them. But now they have no excuse for their sin. [23] Anyone who hates me also hates my Father. [24] If I hadn't done such miraculous signs among them that no one else could do, they would not be guilty. But as it is, they have seen everything I did, yet they still hate me and my Father. [25] This fulfills what is written in their Scriptures*: 'They hated me without cause.'

[26] "But I will send you the Advocate*—the Spirit of truth. He will come to you from the Father and will testify all about me. [27] And you must also testify about me because you have been with me from the beginning of my ministry.

16

[1] "I have told you these things so that you won't abandon your faith. [2] For you will be expelled from the synagogues, and the time is coming when those who kill you will think they are doing a holy service for God. [3] This is because they have never known the Father or me. [4] Yes, I'm telling you these things now, so that when they happen, you will remember my warning. I didn't tell you earlier because I was going to be with you for a while longer.

The Work of the Holy Spirit

[5] "But now I am going away to the one who sent me, and not one of you is asking where I am going. [6] Instead, you grieve because of what I've told you. [7] But in fact, it is best for you that I go away, because if I don't, the Advocate* won't

hubieran escuchado a mí, también los escucharían a ustedes. [21] Les harán todo eso a causa de mí, porque han rechazado a aquel que me envió. [22] Ellos no serían culpables si yo no hubiera venido a hablarles. Pero ahora no tienen ninguna excusa por su pecado. [23] Cualquiera que me odia a mí también odia a mi Padre. [24] Si yo no hubiera hecho entre ellos esas señales tan milagrosas que nadie más podría hacer, no serían culpables. Pero la verdad es que vieron todo lo que hice; aun así nos siguen odiando a mí y a mi Padre. [25] Con eso se cumple lo que está registrado en sus Escrituras:* "Me odiaron sin motivo".

[26] »Pero a ustedes yo les enviaré al Abogado Defensor,* el Espíritu de verdad. Él vendrá del Padre y dará testimonio acerca de mí. [27] Y también ustedes deben dar testimonio de mí porque han estado conmigo desde el principio de mi ministerio.

16

»Les he dicho estas cosas para que no abandonen su fe. [2] Los expulsarán de las sinagogas, y llegará el tiempo en que quienes los maten pensarán que están haciendo un servicio santo para Dios. [3] Eso se debe a que nunca han conocido ni al Padre ni a mí. [4] Les digo estas cosas ahora para que, cuando sucedan, recuerden mi advertencia. No las mencioné antes porque todavía iba a estar un tiempo más con ustedes.

La obra del Espíritu Santo

[5] »Pero ahora voy a aquel que me envió, y ninguno de ustedes me pregunta adónde voy. [6] En cambio, se entristecen por lo que les he dicho. [7] Pero, en realidad, es mejor para ustedes que me vaya porque, si no me fuera, el Abogado Defensor* no vendría.

15:25 Greek *in their law.* Pss 35:19; 69:4.   **15:26** Or *Comforter,* or *Encourager,* or *Counselor.* Greek reads *Paraclete.*   **16:7** Or *Comforter,* or *Encourager,* or *Counselor.* Greek reads *Paraclete.*

15:25 En griego *está escrito en su ley.* Sal 35:19; 69:4.   **15:26** O *Consolador,* o *Alentador,* o *Consejero.* En griego dice *Paráclito.*   **16:7** O *Consolador,* o *Alentador,* o *Consejero.* En griego dice *Paráclito.*

come. If I do go away, then I will send him to you. [8]And when he comes, he will convict the world of its sin, and of God's righteousness, and of the coming judgment. [9]The world's sin is that it refuses to believe in me. [10]Righteousness is available because I go to the Father, and you will see me no more. [11]Judgment will come because the ruler of this world has already been judged.

[12]"There is so much more I want to tell you, but you can't bear it now. [13]When the Spirit of truth comes, he will guide you into all truth. He will not speak on his own but will tell you what he has heard. He will tell you about the future. [14]He will bring me glory by telling you whatever he receives from me. [15]All that belongs to the Father is mine; this is why I said, 'The Spirit will tell you whatever he receives from me.'

Sadness Will Be Turned to Joy

[16] "In a little while you won't see me anymore. But a little while after that, you will see me again."

[17] Some of the disciples asked each other, "What does he mean when he says, 'In a little while you won't see me, but then you will see me,' and 'I am going to the Father'? [18]And what does he mean by 'a little while'? We don't understand."

[19] Jesus realized they wanted to ask him about it, so he said, "Are you asking yourselves what I meant? I said in a little while you won't see me, but a little while after that you will see me again. [20]I tell you the truth, you will weep and mourn over what is going to happen to me, but the world will rejoice. You will grieve, but your grief will suddenly turn to wonderful joy. [21]It will be like a woman suffering the pains of labor. When her child is born, her anguish gives way to joy because she has brought a new baby into the world. [22]So you have sorrow now, but I will see you again; then you will

En cambio, si me voy, entonces se lo enviaré a ustedes. [8] Y, cuando él venga, convencerá al mundo de pecado y de la justicia de Dios y del juicio que viene. [9]El pecado del mundo consiste en que el mundo se niega a creer en mí. [10]La justicia está disponible, porque voy al Padre, y ustedes no me verán más. [11]El juicio vendrá, porque quien gobierna este mundo ya ha sido juzgado.

[12] »Me queda aún mucho más que quisiera decirles, pero en este momento no pueden soportarlo. [13] Cuando venga el Espíritu de verdad, él los guiará a toda la verdad. Él no hablará por su propia cuenta, sino que les dirá lo que él ha oído y les contará lo que sucederá en el futuro. [14]Me glorificará porque les contará todo lo que reciba de mí. [15] Todo lo que pertenece al Padre es mío; por eso dije: "El Espíritu les dirá todo lo que reciba de mí".

La tristeza se convertirá en alegría

[16] »Dentro de poco, ya no me verán más. Pero, tiempo después, me verán de nuevo.

[17]Algunos de los discípulos se preguntaron unos a otros: «¿A qué se refiere cuando dice: "Dentro de poco, no me verán, pero luego me verán" y "voy al Padre"? [18] Y, ¿qué quiere decir con "dentro de poco"? No lo entendemos».

[19] Jesús se dio cuenta de que querían preguntarle sobre eso, así que les dijo:

—¿Se están preguntando qué quise decir? Dije que, dentro de poco, no me verán más pero, tiempo después, volverán a verme. [20]Les digo la verdad, ustedes llorarán y se lamentarán por lo que va a sucederme, pero el mundo se alegrará. Ustedes se lamentarán, pero su dolor se convertirá de pronto en una alegría maravillosa. [21]Será como una mujer que sufre dolores de parto pero, cuando nace su hijo, su angustia se transforma en alegría, porque ha traído una nueva vida al mundo. [22]Así

NEW LIVING TRANSLATION

rejoice, and no one can rob you of that joy. [23] At that time you won't need to ask me for anything. I tell you the truth, you will ask the Father directly, and he will grant your request because you use my name. [24] You haven't done this before. Ask, using my name, and you will receive, and you will have abundant joy.

[25] "I have spoken of these matters in figures of speech, but soon I will stop speaking figuratively and will tell you plainly all about the Father. [26] Then you will ask in my name. I'm not saying I will ask the Father on your behalf, [27] for the Father himself loves you dearly because you love me and believe that I came from God.* [28] Yes, I came from the Father into the world, and now I will leave the world and return to the Father."

[29] Then his disciples said, "At last you are speaking plainly and not figuratively. [30] Now we understand that you know everything, and there's no need to question you. From this we believe that you came from God."

[31] Jesus asked, "Do you finally believe? [32] But the time is coming—indeed it's here now—when you will be scattered, each one going his own way, leaving me alone. Yet I am not alone because the Father is with me. [33] I have told you all this so that you may have peace in me. Here on earth you will have many trials and sorrows. But take heart, because I have overcome the world."

The Prayer of Jesus

17 After saying all these things, Jesus looked up to heaven and said, "Father, the hour has come. Glorify your Son so he can give glory back to you. [2] For you have given him authority over everyone. He gives eternal life to each one you have given him. [3] And this is the way to

16:27 Some manuscripts read *from the Father.*

NUEVA TRADUCCIÓN VIVIENTE

que ahora ustedes tienen tristeza, pero volveré a verlos; entonces se alegrarán, y nadie podrá robarles esa alegría. [23] Ese día, no necesitarán pedirme nada. Les digo la verdad, le pedirán directamente al Padre, y él les concederá la petición, porque piden en mi nombre. [24] No lo han hecho antes. Pidan en mi nombre y recibirán y tendrán alegría en abundancia.

[25] »He hablado de estos asuntos en lenguaje figurativo, pero pronto dejaré de hablar en sentido figurado y les contaré acerca del Padre con toda claridad. [26] Ese día pedirán en mi nombre. No digo que pediré al Padre de parte de ustedes, [27] ya que el Padre mismo los ama profundamente, porque ustedes me aman a mí y han creído que vine de Dios.* [28] Es cierto, vine del Padre al mundo y ahora dejaré el mundo y volveré al Padre.

[29] Entonces sus discípulos dijeron:

—Por fin hablas con claridad y no en sentido figurado. [30] Ahora entendemos que sabes todas las cosas y que no es necesario que nadie te pregunte nada. Por eso creemos que viniste de Dios.

[31] —¿Por fin creen? —preguntó Jesús—. [32] Pero se acerca el tiempo —de hecho, ya ha llegado— cuando ustedes serán dispersados, cada uno se irá por su lado y me dejarán solo. Sin embargo, no estoy solo, porque el Padre está conmigo. [33] Les he dicho todo lo anterior para que en mí tengan paz. Aquí en el mundo tendrán muchas pruebas y tristezas; pero anímense, porque yo he vencido al mundo.

Oración de Jesús

17 Después de decir todas esas cosas, Jesús miró al cielo y dijo: «Padre, ha llegado la hora. Glorifica a tu Hijo para que él, a su vez, te dé la gloria a ti. [2] Pues le has dado a tu Hijo autoridad sobre todo ser humano. Él da vida eterna a cada uno de los que tú le has dado. [3] Y la manera de tener vida eterna es conocerte a ti, el

16:27 Algunos manuscritos dicen *del Padre.*

have eternal life—to know you, the only true God, and Jesus Christ, the one you sent to earth. [4]I brought glory to you here on earth by completing the work you gave me to do. [5]Now, Father, bring me into the glory we shared before the world began.

[6]"I have revealed you* to the ones you gave me from this world. They were always yours. You gave them to me, and they have kept your word. [7]Now they know that everything I have is a gift from you, [8]for I have passed on to them the message you gave me. They accepted it and know that I came from you, and they believe you sent me.

[9]"My prayer is not for the world, but for those you have given me, because they belong to you. [10]All who are mine belong to you, and you have given them to me, so they bring me glory. [11]Now I am departing from the world; they are staying in this world, but I am coming to you. Holy Father, you have given me your name;* now protect them by the power of your name so that they will be united just as we are. [12]During my time here, I protected them by the power of the name you gave me.* I guarded them so that not one was lost, except the one headed for destruction, as the Scriptures foretold.

[13]"Now I am coming to you. I told them many things while I was with them in this world so they would be filled with my joy. [14]I have given them your word. And the world hates them because they do not belong to the world, just as I do not belong to the world. [15]I'm not asking you to take them out of the world, but to keep them safe from the evil one. [16]They do not belong to this world any more than I do. [17]Make them holy by your truth; teach them your word, which is truth. [18]Just as you sent me into the world, I am sending

único Dios verdadero, y a Jesucristo, a quien tú enviaste a la tierra. [4]Yo te di la gloria aquí en la tierra, al terminar la obra que me encargaste. [5]Ahora, Padre, llévame a la gloria que compartíamos antes de que comenzara el mundo.

[6]»Te he dado a conocer* a los que me diste de este mundo. Siempre fueron tuyos. Tú me los diste, y ellos han obedecido tu palabra. [7]Ahora saben que todo lo que tengo es un regalo que proviene de ti, [8]porque les he transmitido el mensaje que me diste. Ellos aceptaron el mensaje y saben que provine de ti y han creído que tú me enviaste.

[9]»Mi oración no es por el mundo, sino por los que me has dado, porque te pertenecen. [10]Todos los que son míos te pertenecen, y me los has dado, para que me den gloria. [11]Ahora me voy del mundo; ellos se quedan en este mundo, pero yo voy a ti. Padre santo, tú me has dado tu nombre;* ahora protégelos con el poder de tu nombre para que estén unidos como lo estamos nosotros. [12]Durante el tiempo que estuve aquí, los protegí con el poder del nombre que me diste.* Los cuidé para que ni uno solo se perdiera, excepto el que va camino a la destrucción como predijeron las Escrituras.

[13]»Ahora voy a ti. Mientras estuve con ellos en este mundo, les dije muchas cosas para que estuvieran llenos de mi alegría. [14]Les he dado tu palabra, y el mundo los odia, porque ellos no pertenecen al mundo, así como yo tampoco pertenezco al mundo. [15]No te pido que los quites del mundo, sino que los protejas del maligno. [16]Al igual que yo, ellos no pertenecen a este mundo. [17]Hazlos santos con tu verdad; enséñales tu palabra, la cual es verdad. [18]Así como tú me enviaste al mundo, yo los envío al mundo. [19]Y me entrego por

---

17:6 Greek *have revealed your name;* also in 17:26. 17:11 Some manuscripts read *you have given me these [disciples].* 17:12 Some manuscripts read *I protected those you gave me, by the power of your name.*

17:6 En griego *He dado a conocer tu nombre;* también en 17:26. 17:11 Algunos manuscritos dicen *tú me has dado a éstos [discípulos].* 17:12 Algunos manuscritos dicen *yo protegí a los que tú me diste, con el poder de tu nombre.*

them into the world. ¹⁹And I give myself as a holy sacrifice for them so they can be made holy by your truth.

²⁰"I am praying not only for these disciples but also for all who will ever believe in me through their message. ²¹I pray that they will all be one, just as you and I are one—as you are in me, Father, and I am in you. And may they be in us so that the world will believe you sent me.

²²"I have given them the glory you gave me, so they may be one as we are one. ²³I am in them and you are in me. May they experience such perfect unity that the world will know that you sent me and that you love them as much as you love me. ²⁴Father, I want these whom you have given me to be with me where I am. Then they can see all the glory you gave me because you loved me even before the world began!

²⁵"O righteous Father, the world doesn't know you, but I do; and these disciples know you sent me. ²⁶I have revealed you to them, and I will continue to do so. Then your love for me will be in them, and I will be in them."

Jesus Is Betrayed and Arrested

18 After saying these things, Jesus crossed the Kidron Valley with his disciples and entered a grove of olive trees. ²Judas, the betrayer, knew this place, because Jesus had often gone there with his disciples. ³The leading priests and Pharisees had given Judas a contingent of Roman soldiers and Temple guards to accompany him. Now with blazing torches, lanterns, and weapons, they arrived at the olive grove.

⁴Jesus fully realized all that was going to happen to him, so he stepped forward to meet them. "Who are you looking for?" he asked.

⁵"Jesus the Nazarene,"* they replied.

18:5a Or *Jesus of Nazareth;* also in 18:7.

ellos como un sacrificio santo, para que tu verdad pueda hacerlos santos.

²⁰»No te pido sólo por estos discípulos, sino también por todos los que creerán en mí por el mensaje de ellos. ²¹Te pido que todos sean uno, así como tú y yo somos uno, es decir, como tú estás en mí, Padre, y yo estoy en ti. Y que ellos estén en nosotros, para que el mundo crea que tú me enviaste.

²²»Les he dado la gloria que tú me diste, para que sean uno, como nosotros somos uno. ²³Yo estoy en ellos, y tú estás en mí. Que gocen de una unidad tan perfecta que el mundo sepa que tú me enviaste y que los amas tanto como me amas a mí. ²⁴Padre, quiero que los que me diste estén conmigo donde yo estoy. Entonces podrán ver toda la gloria que me diste, porque me amaste aun antes de que comenzara el mundo.

²⁵»Oh Padre justo, el mundo no te conoce, pero yo sí te conozco; y estos discípulos saben que tú me enviaste. ²⁶Yo te he dado a conocer a ellos y seguiré haciéndolo. Entonces tu amor por mí estará en ellos, y yo también estaré en ellos».

Traición y arresto de Jesús

18 Después de decir esas cosas, Jesús cruzó el valle Cedrón con sus discípulos y entró en un huerto de olivos. ²Judas, el traidor, conocía ese lugar, porque Jesús solía reunirse allí con sus discípulos. ³Los principales sacerdotes y los fariseos le habían dado a Judas un grupo de soldados romanos y guardias del templo para que lo acompañaran. Llegaron al huerto de olivos con antorchas encendidas, linternas y armas.

⁴Jesús ya sabía todo lo que le iba a suceder, así que salió al encuentro de ellos.

—¿A quién buscan? —les preguntó.

⁵—A Jesús de Nazaret* —contestaron.

18:5a O *Jesús nazareno;* también en 18:7.

"I Am he,"* Jesus said. (Judas, who betrayed him, was standing with them.) [6]As Jesus said "I Am he," they all drew back and fell to the ground! [7]Once more he asked them, "Who are you looking for?"

And again they replied, "Jesus the Nazarene."

[8]"I told you that I Am he," Jesus said. "And since I am the one you want, let these others go." [9]He did this to fulfill his own statement: "I did not lose a single one of those you have given me."*

[10]Then Simon Peter drew a sword and slashed off the right ear of Malchus, the high priest's slave. [11]But Jesus said to Peter, "Put your sword back into its sheath. Shall I not drink from the cup of suffering the Father has given me?"

Jesus at the High Priest's House

[12]So the soldiers, their commanding officer, and the Temple guards arrested Jesus and tied him up. [13]First they took him to Annas, the father-in-law of Caiaphas, the high priest at that time.* [14]Caiaphas was the one who had told the other Jewish leaders, "It's better that one man should die for the people."

Peter's First Denial

[15]Simon Peter followed Jesus, as did another of the disciples. That other disciple was acquainted with the high priest, so he was allowed to enter the high priest's courtyard with Jesus. [16]Peter had to stay outside the gate. Then the disciple who knew the high priest spoke to the woman watching at the gate, and she let Peter in. [17]The woman asked Peter, "You're not one of that man's disciples, are you?"

18:5b Or *"The 'I AM' is here";* or *"I am the LORD";* Greek reads *I am;* also in 18:6, 8. See Exod 3:14. 18:9 See John 6:39 and 17:12. 18:13 Greek *that year.*

—Yo Soy* —dijo Jesús.

(Judas, el que lo traicionó, estaba con ellos). [6]Cuando Jesús dijo «Yo Soy», ¡todos retrocedieron y cayeron al suelo! [7]Una vez más les preguntó:

—¿A quién buscan?

Y nuevamente ellos contestaron:

—A Jesús de Nazaret.

[8]—Ya les dije que Yo Soy —dijo Jesús—. Y, ya que soy la persona a quien buscan, dejen que los demás se vayan.

[9]Lo hizo para que se cumplieran sus propias palabras: «No perdí ni a uno solo de los que me diste»*.

[10]Entonces Simón Pedro sacó una espada y le cortó la oreja derecha a Malco, un esclavo del sumo sacerdote. [11]Pero Jesús le dijo a Pedro: «Mete tu espada en la funda. ¿Acaso no voy a beber de la copa de sufrimiento que me ha dado el Padre?».

Jesús en la casa del sumo sacerdote

[12]Así que los soldados, el oficial que los comandaba y los guardias del templo arrestaron a Jesús y lo ataron. [13]Primero lo llevaron ante Anás, el suegro de Caifás, quien era sumo sacerdote en ese momento.* [14]Caifás era el que les había dicho a los otros líderes judíos: «Es mejor que muera un solo hombre por el pueblo».

Primera negación de Pedro

[15]Simón Pedro y otro discípulo siguieron a Jesús. Ese otro discípulo conocía al sumo sacerdote, así que le permitieron entrar con Jesús al patio del sumo sacerdote. [16]Pedro tuvo que quedarse afuera, junto a la puerta. Entonces el discípulo que conocía al sumo sacerdote habló con la mujer que cuidaba la puerta, y ella dejó entrar a Pedro. [17]La mujer le preguntó a Pedro:

18:5b O —*El "Yo Soy" está aquí;* o —*Yo soy el Señor;* en griego dice *Yo soy;* también en 18:6, 8. Ver Éx 3:14. 18:9 Ver 6:39 y 17:12. 18:13 En griego *ese año.*

"No," he said, "I am not."

18 Because it was cold, the household servants and the guards had made a charcoal fire. They stood around it, warming themselves, and Peter stood with them, warming himself.

The High Priest Questions Jesus

19 Inside, the high priest began asking Jesus about his followers and what he had been teaching them. 20 Jesus replied, "Everyone knows what I teach. I have preached regularly in the synagogues and the Temple, where the people* gather. I have not spoken in secret. 21 Why are you asking me this question? Ask those who heard me. They know what I said."

22 Then one of the Temple guards standing nearby slapped Jesus across the face. "Is that the way to answer the high priest?" he demanded.

23 Jesus replied, "If I said anything wrong, you must prove it. But if I'm speaking the truth, why are you beating me?"

24 Then Annas bound Jesus and sent him to Caiaphas, the high priest.

Peter's Second and Third Denials

25 Meanwhile, as Simon Peter was standing by the fire warming himself, they asked him again, "You're not one of his disciples, are you?"

He denied it, saying, "No, I am not."

26 But one of the household slaves of the high priest, a relative of the man whose ear Peter had cut off, asked, "Didn't I see you out there in the olive grove with Jesus?" 27 Again Peter denied it. And immediately a rooster crowed.

18:20 Greek *Jewish people;* also in 18:38.

—¿No eres tú también uno de los discípulos de ese hombre?

—No —le contestó Pedro—, no lo soy.

18 Como hacía frío, los sirvientes de la casa y los guardias habían hecho una fogata con carbón. Estaban allí de pie, junto al fuego, calentándose, y Pedro estaba con ellos, también calentándose.

El sumo sacerdote interroga a Jesús

19 Adentro, el sumo sacerdote comenzó a interrogar a Jesús acerca de sus seguidores y de lo que les había estado enseñando. 20 Jesús contestó: «Todos saben lo que enseño. He predicado con frecuencia en las sinagogas y en el templo, donde se reúne el pueblo.* No he hablado en secreto. 21 ¿Por qué me haces a mí esa pregunta? Pregúntales a los que me oyeron, ellos saben lo que dije».

22 Entonces uno de los guardias del templo que estaba cerca le dio una bofetada a Jesús.

—¿Es ésa la forma de responder al sumo sacerdote? —preguntó.

23 Jesús contestó:

—Si dije algo indebido, debes demostrarlo. Pero, si digo la verdad, ¿por qué me pegas?

24 Entonces Anás ató a Jesús y lo envió a Caifás, el sumo sacerdote.

Segunda y tercera negación de Pedro

25 Mientras tanto, como Simón Pedro seguía de pie junto a la fogata calentándose, volvieron a preguntarle:

—¿No eres tú también uno de sus discípulos?

—No lo soy —negó Pedro.

26 Pero uno de los esclavos del sumo sacerdote, pariente del hombre al que Pedro le había cortado la oreja, preguntó: «¿No te vi en el huerto de olivos con Jesús?». 27 Una vez más, Pedro lo negó, y enseguida cantó un gallo.

18:20 En griego *pueblo judío;* también en 18:38.

NEW LIVING TRANSLATION

Jesus' Trial before Pilate

28 Jesus' trial before Caiaphas ended in the early hours of the morning. Then he was taken to the headquarters of the Roman governor.* His accusers didn't go inside because it would defile them, and they wouldn't be allowed to celebrate the Passover. 29 So Pilate, the governor, went out to them and asked, "What is your charge against this man?"

30 "We wouldn't have handed him over to you if he weren't a criminal!" they retorted.

31 "Then take him away and judge him by your own law," Pilate told them.

"Only the Romans are permitted to execute someone," the Jewish leaders replied. 32 (This fulfilled Jesus' prediction about the way he would die.*)

33 Then Pilate went back into his headquarters and called for Jesus to be brought to him. "Are you the king of the Jews?" he asked him.

34 Jesus replied, "Is this your own question, or did others tell you about me?"

35 "Am I a Jew?" Pilate retorted. "Your own people and their leading priests brought you to me for trial. Why? What have you done?"

36 Jesus answered, "My Kingdom is not an earthly kingdom. If it were, my followers would fight to keep me from being handed over to the Jewish leaders. But my Kingdom is not of this world."

37 Pilate said, "So you are a king?"

Jesus responded, "You say I am a king. Actually, I was born and came into the world to testify to the truth. All who love

18:28 Greek *to the Praetorium;* also in 18:33.
18:32 See John 12:32-33.

NUEVA TRADUCCIÓN VIVIENTE

El juicio de Jesús ante Pilato

28 El juicio de Jesús ante Caifás terminó cerca del amanecer. De allí lo llevaron a la residencia oficial del gobernador romano.* Sus acusadores no entraron porque, de haberlo hecho, se habrían contaminado y no hubieran podido celebrar la Pascua. 29 Por eso Pilato, el gobernador, salió adonde estaban ellos y les preguntó:

—¿Qué cargos tienen contra este hombre?

30 —¡No te lo habríamos entregado si no fuera un criminal! —replicaron.

31 —Entonces llévenselo y júzguenlo de acuerdo con la ley de ustedes —les dijo Pilato.

—Sólo los romanos tienen derecho a ejecutar a una persona —respondieron los líderes judíos.

32 (Con eso se cumplió la predicción de Jesús acerca de la forma en que iba a morir).*

33 Entonces Pilato volvió a entrar en su residencia y pidió que le trajeran a Jesús.

—¿Eres tú el rey de los judíos? —le preguntó.

34 Jesús contestó:

—¿Lo preguntas por tu propia cuenta o porque otros te hablaron de mí?

35 —¿Acaso yo soy judío? —replicó Pilato—. Tu propio pueblo y sus principales sacerdotes te trajeron a mí para que yo te juzgue. ¿Por qué? ¿Qué has hecho?

36 Jesús contestó:

—Mi reino no es un reino terrenal. Si lo fuera, mis seguidores lucharían para impedir que yo sea entregado a los líderes judíos. Pero mi reino no es de este mundo.

37 Pilato le dijo:

—¿Entonces eres un rey?

—Tú dices que soy un rey —contestó Jesús—. En realidad, yo nací y vine al mundo para dar testimonio de la verdad.

18:28 En griego *al Pretorio;* también en 18:33.
18:32 Ver 12:32-33.

the truth recognize that what I say is true."

38 "What is truth?" Pilate asked. Then he went out again to the people and told them, "He is not guilty of any crime. 39 But you have a custom of asking me to release one prisoner each year at Passover. Would you like me to release this 'King of the Jews'?"

40 But they shouted back, "No! Not this man. We want Barabbas!" (Barabbas was a revolutionary.)

Jesus Sentenced to Death

19 Then Pilate had Jesus flogged with a lead-tipped whip. 2 The soldiers wove a crown of thorns and put it on his head, and they put a purple robe on him. 3 "Hail! King of the Jews!" they mocked, as they slapped him across the face.

4 Pilate went outside again and said to the people, "I am going to bring him out to you now, but understand clearly that I find him not guilty." 5 Then Jesus came out wearing the crown of thorns and the purple robe. And Pilate said, "Look, here is the man!"

6 When they saw him, the leading priests and Temple guards began shouting, "Crucify him! Crucify him!"

"Take him yourselves and crucify him," Pilate said. "I find him not guilty."

7 The Jewish leaders replied, "By our law he ought to die because he called himself the Son of God."

8 When Pilate heard this, he was more frightened than ever. 9 He took Jesus back into the headquarters* again and asked him, "Where are you from?" But Jesus

19:9 Greek *the Praetorium.*

Todos los que aman la verdad reconocen que lo que digo es cierto.

38 —¿Qué es la verdad? —preguntó Pilato.

Entonces salió de nuevo adonde estaba el pueblo y dijo:

—Este hombre no es culpable de ningún delito. 39 Pero ustedes tienen la costumbre de pedirme cada año que ponga en libertad a un preso durante la Pascua. ¿Quieren que deje en libertad a ese "rey de los judíos"?

40 Pero ellos contestaron a gritos:

—¡No!, a ese hombre, no. ¡Queremos a Barrabás! (Barrabás era un insurgente).

Sentencia de muerte para Jesús

19 Entonces Pilato mandó azotar a Jesús con un látigo que tenía puntas de plomo. 2 Los soldados armaron una corona de espinas y se la pusieron en la cabeza y lo vistieron con un manto púrpura. 3 «¡Viva el rey de los judíos!» —se burlaban de él mientras lo abofeteaban.

4 Pilato volvió a salir y le dijo al pueblo: «Ahora lo voy a traer, pero que quede bien claro que yo no lo encuentro culpable de nada».5 Entonces Jesús salió con la corona de espinas sobre la cabeza y el manto púrpura puesto. Y Pilato dijo: «¡Miren, aquí tienen al hombre!».

6 Cuando lo vieron, los principales sacerdotes y los guardias del templo comenzaron a gritar: «¡Crucifícalo! ¡Crucifícalo!».

—Llévenselo ustedes y crucifíquenlo —dijo Pilato—. Yo no lo encuentro culpable.

7 Los líderes judíos respondieron:

—Según nuestra ley, debe morir porque afirmó que era el Hijo de Dios.

8 Cuando Pilato oyó eso, tuvo más miedo que nunca. 9 Llevó a Jesús de nuevo a la residencia oficial* y le preguntó: «¿De dónde eres?». Pero Jesús no le dio ninguna respuesta.

19:9 En griego *al Pretorio.*

gave no answer. ¹⁰"Why don't you talk to me?" Pilate demanded. "Don't you realize that I have the power to release you or crucify you?"

¹¹Then Jesus said, "You would have no power over me at all unless it were given to you from above. So the one who handed me over to you has the greater sin."

¹²Then Pilate tried to release him, but the Jewish leaders shouted, "If you release this man, you are no 'friend of Caesar.'* Anyone who declares himself a king is a rebel against Caesar."

¹³When they said this, Pilate brought Jesus out to them again. Then Pilate sat down on the judgment seat on the platform that is called the Stone Pavement (in Hebrew, *Gabbatha*). ¹⁴It was now about noon on the day of preparation for the Passover. And Pilate said to the people,* "Look, here is your king!"

¹⁵"Away with him," they yelled. "Away with him! Crucify him!"

"What? Crucify your king?" Pilate asked.

"We have no king but Caesar," the leading priests shouted back.

¹⁶Then Pilate turned Jesus over to them to be crucified.

The Crucifixion

So they took Jesus away. ¹⁷Carrying the cross by himself, he went to the place called Place of the Skull (in Hebrew, *Golgotha*). ¹⁸There they nailed him to the cross. Two others were crucified with him, one on either side, with Jesus between them. ¹⁹And Pilate posted a sign on the cross that read, "Jesus of Nazareth,* the King of the Jews." ²⁰The place where Jesus was crucified was near the

¹⁰—¿Por qué no me hablas? —preguntó Pilato—. ¿No te das cuenta de que tengo poder para ponerte en libertad o para crucificarte?

¹¹Entonces Jesús le dijo:

—No tendrías ningún poder sobre mí si no te lo hubieran dado desde lo alto. Así que el que me entregó en tus manos es el que tiene el mayor pecado.

¹²Entonces Pilato trató de poner en libertad a Jesús, pero los líderes judíos gritaron: «Si pones en libertad a ese hombre, no eres "amigo del César"*. Todo el que se proclama a sí mismo rey está en rebeldía contra el César».

¹³Cuando dijeron eso, Pilato llevó de nuevo a Jesús ante el pueblo. Entonces Pilato se sentó en el tribunal, en la plataforma llamada el Empedrado (en hebreo, *Gabata*). ¹⁴Ya era el día de preparación para la Pascua, cerca del mediodía. Y Pilato dijo al pueblo:* «¡Miren, aquí tienen a su rey!».

¹⁵«¡Llévatelo! ¡Llévatelo! —gritaban—. ¡Crucifícalo!».

—¿Cómo dicen?, ¿qué yo crucifique a su rey? —preguntó Pilato.

—No tenemos otro rey más que el César —le contestaron a gritos los principales sacerdotes.

¹⁶Entonces Pilato les entregó a Jesús para que lo crucificaran.

La crucifixión

Así que se llevaron a Jesús. ¹⁷Él, cargando su propia cruz, fue al sitio llamado Lugar de la Calavera (en hebreo, *Gólgota*). ¹⁸Allí lo clavaron en la cruz. También crucificaron a otros dos con él, uno a cada lado, y a Jesús, en medio. ¹⁹Y Pilato colocó un letrero sobre la cruz, que decía: «Jesús de Nazaret,* el Rey de los judíos». ²⁰El lugar donde crucificaron a Jesús estaba cerca de la ciudad, y el letrero estaba escrito en

---

19:12 "Friend of Caesar" is a technical term that refers to an ally of the emperor. 19:14 Greek *Jewish people;* also in 19:20. 19:19 Or *Jesus the Nazarene.*

19:12 «Amigo del César» es un término técnico para referirse a un aliado del emperador. 19:14 En griego *pueblo judío.* 19:19 O *Jesús nazareno.*

city, and the sign was written in Hebrew, Latin, and Greek, so that many people could read it.

²¹ Then the leading priests objected and said to Pilate, "Change it from 'The King of the Jews' to 'He said, I am King of the Jews.'"

²² Pilate replied, "No, what I have written, I have written."

²³ When the soldiers had crucified Jesus, they divided his clothes among the four of them. They also took his robe, but it was seamless, woven in one piece from top to bottom. ²⁴ So they said, "Rather than tearing it apart, let's throw dice* for it." This fulfilled the Scripture that says, "They divided my garments among themselves and threw dice for my clothing."* So that is what they did.

²⁵ Standing near the cross were Jesus' mother, and his mother's sister, Mary (the wife of Clopas), and Mary Magdalene. ²⁶ When Jesus saw his mother standing there beside the disciple he loved, he said to her, "Dear woman, here is your son." ²⁷ And he said to this disciple, "Here is your mother." And from then on this disciple took her into his home.

The Death of Jesus

²⁸ Jesus knew that his mission was now finished, and to fulfill Scripture he said, "I am thirsty."* ²⁹ A jar of sour wine was sitting there, so they soaked a sponge in it, put it on a hyssop branch, and held it up to his lips. ³⁰ When Jesus had tasted it, he said, "It is finished!" Then he bowed his head and released his spirit.

³¹ It was the day of preparation, and the Jewish leaders didn't want the bodies

19:24a Greek *cast lots.*   19:24b Ps 22:18.
19:28 See Pss 22:15; 69:21.

hebreo, en latín y en griego, para que muchos* pudieran leerlo.

²¹ Entonces los principales sacerdotes se opusieron y le dijeron a Pilato:

—Cambia la inscripción "el Rey de los judíos" por una que diga "Él dice: Yo soy el Rey de los judíos".

²² —No —respondió Pilato—. Lo que he escrito, escrito está y así quedará.

²³ Una vez que los soldados terminaron de crucificarlo, tomaron la ropa de Jesús y la dividieron en cuatro partes, una para cada uno de ellos. También tomaron la túnica, la cual no tenía costura y había sido tejida de arriba a abajo en una sola pieza. ²⁴ Así que dijeron: «En lugar de rasgarla, tiremos los dados* para ver quién se la queda». Con eso se cumplió la Escritura que dice: «Se repartieron entre ellos mi vestimenta y tiraron los dados por mi ropa»*. Así que eso fue lo que hicieron.

²⁵ Estaban de pie junto a la cruz la madre de Jesús, la hermana de su madre, María la esposa de Cleofas y María Magdalena. ²⁶ Cuando Jesús vio a su madre al lado del discípulo que él amaba, le dijo: «Apreciada mujer, ahí tienes a tu hijo». ²⁷ Y al discípulo le dijo: «Ahí tienes a tu madre». Y, a partir de entonces, ese discípulo la llevó a vivir a su casa.

Muerte de Jesús

²⁸ Jesús sabía que su misión ya había terminado y, para cumplir las Escrituras, dijo: «Tengo sed»*. ²⁹ Había allí una vasija de vino agrio, así que mojaron una esponja en el vino, la pusieron en una rama de hisopo y la acercaron a los labios de Jesús. ³⁰ Después de probar el vino, Jesús dijo: «¡Todo ha terminado!». Entonces inclinó la cabeza y entregó su espíritu.

³¹ Era el día de preparación, y los líderes judíos no querían que los cuerpos

19:20 En griego *muchos judíos.*   19:24a En griego *echemos suertes.*   19:24b Sal 22:18.   19:28 Ver Sal 22:15; 69:21.

hanging there the next day, which was the Sabbath (and a very special Sabbath, because it was the Passover). So they asked Pilate to hasten their deaths by ordering that their legs be broken. Then their bodies could be taken down. 32 So the soldiers came and broke the legs of the two men crucified with Jesus. 33 But when they came to Jesus, they saw that he was already dead, so they didn't break his legs. 34 One of the soldiers, however, pierced his side with a spear, and immediately blood and water flowed out. 35 (This report is from an eyewitness giving an accurate account. He speaks the truth so that you also can believe.*) 36 These things happened in fulfillment of the Scriptures that say, "Not one of his bones will be broken,"* 37 and "They will look on the one they pierced."*

The Burial of Jesus

38 Afterward Joseph of Arimathea, who had been a secret disciple of Jesus (because he feared the Jewish leaders), asked Pilate for permission to take down Jesus' body. When Pilate gave permission, Joseph came and took the body away. 39 With him came Nicodemus, the man who had come to Jesus at night. He brought about seventy-five pounds* of perfumed ointment made from myrrh and aloes. 40 Following Jewish burial custom, they wrapped Jesus' body with the spices in long sheets of linen cloth. 41 The place of crucifixion was near a garden, where there was a new tomb, never used before. 42 And so, because it was the day of preparation for the Jewish Passover* and since the tomb was close at hand, they laid Jesus there.

19:35 Some manuscripts read *can continue to believe.* 19:36 Exod 12:46; Num 9:12; Ps 34:20. 19:37 Zech 12:10. 19:39 Greek *100 litras* [32.7 kilograms]. 19:42 Greek *because of the Jewish day of preparation.*

permanecieran allí colgados el día siguiente, que era el día de descanso (y uno muy especial, porque era la Pascua). Entonces le pidieron a Pilato que mandara a quebrarles las piernas a los crucificados para apresurarles la muerte. Así podrían bajar los cuerpos. 32 Entonces los soldados fueron y les quebraron las piernas a los dos hombres crucificados con Jesús. 33 Pero, cuando llegaron a Jesús, vieron que ya estaba muerto, así que no le quebraron las piernas. 34 Sin embargo, uno de los soldados le atravesó el costado con una lanza y, de inmediato, salió sangre y agua. 35 (La información anterior proviene de un testigo ocular que presenta un relato fiel. Él dice la verdad para que ustedes también crean*). 36 Esas cosas sucedieron para que se cumplieran las Escrituras que dicen: «Ni uno de sus huesos será quebrado»* 37 y «Mirarán al que atravesaron»*.

Sepultura de Jesús

38 Más tarde, José de Arimatea, quien había sido un discípulo secreto de Jesús (por temor a los líderes judíos), pidió permiso a Pilato para bajar el cuerpo de Jesús. Cuando Pilato concedió el permiso, José fue a buscar el cuerpo y se lo llevó. 39 Lo acompañó Nicodemo, el hombre que había ido a ver a Jesús de noche. Llevó consigo unos treinta y tres kilos* de ungüento perfumado, una mezcla de mirra y áloe. 40 De acuerdo con la costumbre de los entierros judíos, envolvieron el cuerpo de Jesús untado con las especias en largos lienzos de lino. 41 El lugar de la crucifixión estaba cerca de un huerto donde había una tumba nueva que nunca se había usado. 42 Y, como era el día de preparación para la Pascua* y la tumba estaba cerca, pusieron a Jesús allí.

19:35 Algunos manuscritos dicen *puedan seguir creyendo.* 19:36 Éx 12:46; Nm 9:12; Sal 34:20. 19:37 Zac 12:10. 19:39 En griego *100 libras* (antiguas) [75 libras]. 19:42 En griego *debido al día de preparación judío.*

The Resurrection

20 Early on Sunday morning,* while it was still dark, Mary Magdalene came to the tomb and found that the stone had been rolled away from the entrance. ²She ran and found Simon Peter and the other disciple, the one whom Jesus loved. She said, "They have taken the Lord's body out of the tomb, and we don't know where they have put him!"

³Peter and the other disciple started out for the tomb. ⁴They were both running, but the other disciple outran Peter and reached the tomb first. ⁵He stooped and looked in and saw the linen wrappings lying there, but he didn't go in. ⁶Then Simon Peter arrived and went inside. He also noticed the linen wrappings lying there, ⁷while the cloth that had covered Jesus' head was folded up and lying apart from the other wrappings. ⁸Then the disciple who had reached the tomb first also went in, and he saw and believed—⁹for until then they still hadn't understood the Scriptures that said Jesus must rise from the dead. ¹⁰Then they went home.

Jesus Appears to Mary Magdalene

¹¹Mary was standing outside the tomb crying, and as she wept, she stooped and looked in. ¹²She saw two white-robed angels, one sitting at the head and the other at the foot of the place where the body of Jesus had been lying. ¹³"Dear woman, why are you crying?" the angels asked her.

"Because they have taken away my Lord," she replied, "and I don't know where they have put him."

¹⁴She turned to leave and saw someone standing there. It was Jesus, but she didn't recognize him. ¹⁵"Dear woman, why are

20:1 Greek *On the first day of the week.*

La resurrección

20 El domingo por la mañana temprano,* mientras aún estaba oscuro, María Magdalena llegó a la tumba y vio que habían rodado la piedra de la entrada. ²Corrió y se encontró con Simón Pedro y con el otro discípulo, a quien Jesús amaba. Les dijo: «¡Sacaron de la tumba el cuerpo del Señor, y no sabemos dónde lo pusieron!».

³Pedro y el otro discípulo se dirigieron a la tumba. ⁴Ambos iban corriendo, pero el otro discípulo corrió más aprisa que Pedro y llegó primero a la tumba. ⁵Se agachó a mirar adentro y vio los lienzos de lino apoyados ahí, pero no entró. ⁶Luego llegó Simón Pedro y entró en la tumba. Él también notó los lienzos de lino allí, ⁷pero el lienzo que había cubierto la cabeza de Jesús estaba doblado y colocado aparte de las otras tiras. ⁸Entonces el discípulo que había llegado primero a la tumba también entró y vio y creyó, ⁹porque hasta ese momento aún no habían entendido las Escrituras que decían que Jesús tenía que resucitar de los muertos. ¹⁰Después cada uno se fue a su casa.

Jesús se aparece a María Magdalena

¹¹María se encontraba llorando fuera de la tumba y, mientras lloraba, se agachó y miró adentro. ¹²Vio a dos ángeles vestidos con vestiduras blancas, uno sentado a la cabecera y el otro a los pies, en el lugar donde había estado el cuerpo de Jesús.

¹³—Apreciada mujer, ¿por qué lloras? —le preguntaron los ángeles.

—Porque se han llevado a mi Señor —contestó ella—, y no sé dónde lo han puesto.

¹⁴Dio la vuelta para irse y vio a alguien que estaba de pie allí. Era Jesús, pero ella no lo reconoció.

¹⁵—Apreciada mujer, ¿por qué lloras? —le preguntó Jesús—. ¿A quién buscas?

20:1 En griego *El primer día de la semana.*

NEW LIVING TRANSLATION

NUEVA TRADUCCIÓN VIVIENTE

you crying?" Jesus asked her. "Who are you looking for?"

She thought he was the gardener. "Sir," she said, "if you have taken him away, tell me where you have put him, and I will go and get him."

16 "Mary!" Jesus said.

She turned to him and cried out, "Rabboni!" (which is Hebrew for "Teacher").

17 "Don't cling to me," Jesus said, "for I haven't yet ascended to the Father. But go find my brothers and tell them, 'I am ascending to my Father and your Father, to my God and your God.'"

18 Mary Magdalene found the disciples and told them, "I have seen the Lord!" Then she gave them his message.

Jesus Appears to His Disciples

19 That Sunday evening* the disciples were meeting behind locked doors because they were afraid of the Jewish leaders. Suddenly, Jesus was standing there among them! "Peace be with you," he said. 20 As he spoke, he showed them the wounds in his hands and his side. They were filled with joy when they saw the Lord! 21 Again he said, "Peace be with you. As the Father has sent me, so I am sending you." 22 Then he breathed on them and said, "Receive the Holy Spirit. 23 If you forgive anyone's sins, they are forgiven. If you do not forgive them, they are not forgiven."

Jesus Appears to Thomas

24 One of the twelve disciples, Thomas (nicknamed the Twin),* was not with the others when Jesus came. 25 They told him, "We have seen the Lord!"

But he replied, "I won't believe it unless

20:19 Greek *In the evening of that day, the first day of the week.* 20:24 Greek *Thomas, who was called Didymus.*

Ella pensó que era el jardinero y le dijo:

—Señor, si usted se lo ha llevado, dígame dónde lo puso, y yo iré a buscarlo.

16 —¡María! —dijo Jesús.

Ella giró hacia él y exclamó:

—¡Raboní! (que en hebreo significa "Maestro").

17 —No te aferres a mí —le dijo Jesús—, porque todavía no he subido al Padre. Pero ve a buscar a mis hermanos y diles: "Voy a subir a mi Padre y al Padre de ustedes, a mi Dios y al Dios de ustedes".

18 María Magdalena encontró a los discípulos y les dijo: «¡He visto al Señor!». Y les dio el mensaje de Jesús.

Jesús se aparece a sus discípulos

19 Ese domingo, al atardecer,* los discípulos estaban reunidos con las puertas bien cerradas porque tenían miedo de los líderes judíos. De pronto, ¡Jesús estaba de pie en medio de ellos! «La paz sea con ustedes» —dijo. 20 Mientras hablaba, les mostró las heridas de sus manos y su costado. ¡Ellos se llenaron de alegría cuando vieron al Señor! 21 Una vez más les dijo: «La paz sea con ustedes. Como el Padre me envió a mí, así yo los envío a ustedes». 22 Entonces sopló sobre ellos y les dijo: «Reciban al Espíritu Santo. 23 Si ustedes perdonan los pecados de alguien, esos pecados son perdonados; si ustedes no los perdonan, esos pecados no son perdonados».

Jesús se aparece a Tomás

24 Tomás, uno de los doce discípulos (al que apodaban el Gemelo),* no estaba con los otros cuando llegó Jesús. 25 Ellos le contaron:

—¡Hemos visto al Señor!

Pero él respondió:

20:19 En griego *Al atardecer de ese día, el primer día de la semana.* 20:24 En griego *Tomás, a quien llamaban Dídimo.*

I see the nail wounds in his hands, put my fingers into them, and place my hand into the wound in his side."

²⁶ Eight days later the disciples were together again, and this time Thomas was with them. The doors were locked; but suddenly, as before, Jesus was standing among them. "Peace be with you," he said. ²⁷ Then he said to Thomas, "Put your finger here, and look at my hands. Put your hand into the wound in my side. Don't be faithless any longer. Believe!"

²⁸ "My Lord and my God!" Thomas exclaimed.

²⁹ Then Jesus told him, "You believe because you have seen me. Blessed are those who believe without seeing me."

Purpose of the Book

³⁰ The disciples saw Jesus do many other miraculous signs in addition to the ones recorded in this book. ³¹ But these are written so that you may continue to believe* that Jesus is the Messiah, the Son of God, and that by believing in him you will have life by the power of his name.

Epilogue: Jesus Appears to Seven Disciples

21 Later, Jesus appeared again to the disciples beside the Sea of Galilee.* This is how it happened. ² Several of the disciples were there—Simon Peter, Thomas (nicknamed the Twin),* Nathanael from Cana in Galilee, the sons of Zebedee, and two other disciples.

³ Simon Peter said, "I'm going fishing."

"We'll come, too," they all said. So they went out in the boat, but they caught nothing all night.

20:31 Some manuscripts read *that you may believe.* 21:1 Greek *Sea of Tiberias,* another name for the Sea of Galilee. 21:2 Greek *Thomas, who was called Didymus.*

—No lo creeré a menos que vea las heridas de los clavos en sus manos, meta mis dedos en ellas y ponga mi mano dentro de la herida de su costado.

²⁶ Ocho días después, los discípulos estaban juntos de nuevo, y esa vez Tomás se encontraba con ellos. Las puertas estaban bien cerradas; pero de pronto, igual que antes, Jesús estaba de pie en medio de ellos y dijo: «La paz sea con ustedes».
²⁷ Entonces le dijo a Tomás:

—Pon tu dedo aquí y mira mis manos; mete tu mano en la herida de mi costado. Ya no seas incrédulo. ¡Cree!

²⁸ —¡Mi Señor y mi Dios! —exclamó Tomás.

²⁹ Entonces Jesús le dijo:

—Tú crees porque me has visto, benditos los que creen sin verme.

Propósito del libro

³⁰ Los discípulos vieron a Jesús hacer muchas otras señales milagrosas además de las registradas en este libro. ³¹ Pero éstas se escribieron para que ustedes sigan creyendo* que Jesús es el Mesías, el Hijo de Dios, y para que, al creer en él, tengan vida por el poder de su nombre.

Epílogo: Jesús se aparece a siete discípulos

21 Más tarde, Jesús se apareció nuevamente a los discípulos junto al mar de Galilea.* Éste es el relato de lo que sucedió. ² Varios de sus discípulos se encontraban allí: Simón Pedro, Tomás (al que apodaban el Gemelo),* Natanael de Caná de Galilea, los hijos de Zebedeo y otros dos discípulos.

³ Simón Pedro dijo:

—Me voy a pescar.

—Nosotros también vamos —dijeron los demás.

20:31 Algunos manuscritos dicen *puedan seguir creyendo.* 21:1 En griego *mar de Tiberias,* otro nombre para el mar de Galilea. 21:2 En griego *Tomás, a quien llamaban Dídimo.*

⁴At dawn Jesus was standing on the beach, but the disciples couldn't see who he was. ⁵ He called out, "Fellows,* have you caught any fish?"

"No," they replied.

⁶ Then he said, "Throw out your net on the right-hand side of the boat, and you'll get some!" So they did, and they couldn't haul in the net because there were so many fish in it.

⁷ Then the disciple Jesus loved said to Peter, "It's the Lord!" When Simon Peter heard that it was the Lord, he put on his tunic (for he had stripped for work), jumped into the water, and headed to shore. ⁸ The others stayed with the boat and pulled the loaded net to the shore, for they were only about a hundred yards* from shore. ⁹ When they got there, they found breakfast waiting for them—fish cooking over a charcoal fire, and some bread.

¹⁰ "Bring some of the fish you've just caught," Jesus said. ¹¹ So Simon Peter went aboard and dragged the net to the shore. There were 153 large fish, and yet the net hadn't torn.

¹² "Now come and have some breakfast!" Jesus said. None of the disciples dared to ask him, "Who are you?" They knew it was the Lord. ¹³ Then Jesus served them the bread and the fish. ¹⁴ This was the third time Jesus had appeared to his disciples since he had been raised from the dead.

¹⁵After breakfast Jesus asked Simon Peter, "Simon son of John, do you love me more than these?*"

"Yes, Lord," Peter replied, "you know I love you."

"Then feed my lambs," Jesus told him.

¹⁶ Jesus repeated the question: "Simon son of John, do you love me?"

"Yes, Lord," Peter said, "you know I love you."

21:5 Greek *Children.* 21:8 Greek *200 cubits* [90 meters]. 21:15 Or *more than these others do?*

Así que salieron en la barca, pero no pescaron nada en toda la noche.

⁴ Al amanecer, Jesús apareció en la playa, pero los discípulos no podían ver quién era. ⁵ Les preguntó:

—Amigos,* ¿pescaron algo?

—No —contestaron ellos.

⁶ Entonces él dijo:

—¡Echen la red a la derecha de la barca y tendrán pesca!

Ellos lo hicieron y no podían sacar la red por la gran cantidad de peces que contenía.

⁷ Entonces el discípulo a quien Jesús amaba le dijo a Pedro: «¡Es el Señor!». Cuando Simón Pedro oyó que era el Señor, se puso la túnica (porque se la había quitado para trabajar), se tiró al agua y se dirigió hacia la orilla. ⁸ Los otros se quedaron en la barca y arrastraron la pesada red llena de pescados hasta la orilla, porque estaban sólo a unos noventa metros* de la playa. ⁹ Cuando llegaron, encontraron el desayuno preparado para ellos: pescado a la brasa y pan.

¹⁰ «Traigan algunos de los pescados que acaban de sacar» —dijo Jesús. ¹¹ Así que Simón Pedro subió a la barca y arrastró la red hasta la orilla. Había 153 pescados grandes, y aun así la red no se había roto.

¹² «¡Ahora acérquense y desayunen!» —dijo Jesús. Ninguno de los discípulos se atrevió a preguntarle: «¿Quién eres?». Todos sabían que era el Señor. ¹³ Entonces Jesús les sirvió el pan y el pescado. ¹⁴ Ésa fue la tercera vez que se apareció a sus discípulos después de haber resucitado de los muertos.

¹⁵ Después del desayuno, Jesús le preguntó a Simón Pedro:

—Simón, hijo de Juan, ¿me amas más que estos?*

—Sí, Señor —contestó Pedro—, tú sabes que te quiero.

21:5 En griego *Hijos.* 21:8 En griego *200 codos* [100 yardas]. 21:15 O *¿me amas más que ellos?* o *¿me amas más que estas [cosas]?*

"Then take care of my sheep," Jesus said.

¹⁷A third time he asked him, "Simon son of John, do you love me?"

Peter was hurt that Jesus asked the question a third time. He said, "Lord, you know everything. You know that I love you."

Jesus said, "Then feed my sheep.

¹⁸"I tell you the truth, when you were young, you were able to do as you liked; you dressed yourself and went wherever you wanted to go. But when you are old, you will stretch out your hands, and others* will dress you and take you where you don't want to go." ¹⁹Jesus said this to let him know by what kind of death he would glorify God. Then Jesus told him, "Follow me."

²⁰Peter turned around and saw behind them the disciple Jesus loved—the one who had leaned over to Jesus during supper and asked, "Lord, who will betray you?" ²¹Peter asked Jesus, "What about him, Lord?"

²²Jesus replied, "If I want him to remain alive until I return, what is that to you? As for you, follow me." ²³So the rumor spread among the community of believers* that this disciple wouldn't die. But that isn't what Jesus said at all. He only said, "If I want him to remain alive until I return, what is that to you?"

²⁴This disciple is the one who testifies to these events and has recorded them

21:18 Some manuscripts read *and another one.*
21:23 Greek *the brothers.*

—Entonces, alimenta a mis corderos —le dijo Jesús.

¹⁶Jesús repitió la pregunta:

—Simón, hijo de Juan, ¿me amas?

—Sí, Señor —dijo Pedro—, tú sabes que te quiero.

—Entonces, cuida de mis ovejas —dijo Jesús.

¹⁷Le preguntó por tercera vez:

—Simón, hijo de Juan, ¿me quieres?

A Pedro le dolió que Jesús le dijera la tercera vez: «¿Me quieres?». Le contestó:

—Señor, tú sabes todo. Tú sabes que yo te quiero.

Jesús dijo:

—Entonces, alimenta a mis ovejas.

¹⁸»Te digo la verdad, cuando eras joven, podías hacer lo que querías; te vestías tú mismo e ibas adonde querías ir. Pero, cuando seas viejo, extenderás los brazos, y otros te vestirán y te llevarán* adonde no quieras ir.

¹⁹Jesús dijo eso para darle a conocer el tipo de muerte con la que Pedro glorificaría a Dios. Entonces Jesús le dijo: «Sígueme».

²⁰Pedro se dio vuelta y vio que, detrás de ellos, estaba el discípulo a quien Jesús amaba, el que se había inclinado hacia Jesús durante la cena para preguntarle: «Señor, ¿quién va a traicionarte?». ²¹Pedro le preguntó a Jesús:

—Señor, ¿qué va a pasar con él?

²²Jesús contestó:

—Si quiero que él siga vivo hasta que regrese, ¿qué tiene que ver contigo? En cuanto a ti, sígueme.

²³Así que, entre la comunidad de los creyentes,* corrió el rumor de que ese discípulo no moriría. Pero eso no fue lo que Jesús dijo en absoluto. Él sólo dijo: «Si quiero que él siga vivo hasta que regrese, ¿qué tiene que ver contigo?».

²⁴Ese discípulo es el que da testimonio de todos estos sucesos y los ha

21:18 Algunos manuscritos dicen *algún otro te vestirá y te llevará.* 21:23 En griego *los hermanos.*

here. And we know that his account of these things is accurate.

25 Jesus also did many other things. If they were all written down, I suppose the whole world could not contain the books that would be written.

registrado en este libro. Y sabemos que su relato es fiel.

25 Jesús también hizo muchas otras cosas. Si todas se pusieran por escrito, supongo que el mundo entero no podría contener los libros que se escribirían.

HOW TO KNOW JESUS PERSONALLY

The apostle John wrote this book, as he says in John 20:31, "so that you may . . . believe that Jesus is the Messiah, the Son of God, and that by believing in him you will have life." God wants each of us to experience a life that has meaning, direction, love, and peace. God makes this kind of life possible through a personal relationship with his Son, Jesus Christ. But before you accept Jesus as your Savior, here are five truths that will help you understand God's desire for you:

1. **God has a plan for your life.** "No one can receive anything unless God gives it from heaven" (John 3:27). God created you and has good plans for your life. To know those plans, you must know God personally.

2. **God's plan gives meaning.** "Jesus replied, 'I am the bread of life. Whoever comes to me will never be hungry again. Whoever believes in me will never be thirsty'" (John 6:35). Many people seek meaning and purpose for their life. But they never find it because they look for meaning in the wrong things and the wrong people. When you follow God's plans for your life, the most important of which is to know Jesus as your Lord and Savior, you will find meaning and purpose in all that you do.

3. **God's plan gives direction.** "Jesus spoke to the people once more and said, 'I am the light of the world. If you follow me, you won't have to walk in darkness, because you will have the light that leads to life'" (John 8:12). Without God's

CÓMO CONOCER PERSONALMENTE A JESÚS

El apóstol Juan escribió este libro, como lo dice en Juan 20:31: «Para que ustedes sigan creyendo que Jesús es el Mesías, el Hijo de Dios, y para que, al creer en él, tengan vida por el poder de su nombre». Dios quiere que cada uno de nosotros experimente una vida que tenga sentido, dirección, amor y paz. Dios hace posible esta clase de vida a través de una relación personal con su Hijo, Jesucristo. Aquí tiene cinco verdades que le ayudarán a comprender el deseo de Dios para usted:

1. **Dios tiene un plan para su vida.** «Nadie puede recibir nada a menos que Dios se lo conceda desde el cielo» (Juan 3:27). Dios lo creó y tiene buenos planes para su vida. Para conocer esos planes, usted debe conocer personalmente a Dios.

2. **El plan de Dios da sentido.** «Jesús les respondió: Yo soy el pan de vida. El que viene a mí nunca volverá a tener hambre; el que cree en mí no tendrá sed jamás» (Juan 6:35). Mucha gente busca sentido y propósito para su vida, pero nunca lo encuentra porque busca el sentido en las cosas y en la gente equivocadas. Cuando siga los planes de Dios, de los cuales el más importante es que conozca a Jesús como Señor y Salvador, encontrará sentido y propósito en todo lo que haga.

3. **El plan de Dios da dirección.** «Jesús habló una vez más al pueblo y dijo: Yo soy la luz del mundo. Si ustedes me siguen, no tendrán que andar en la oscuridad porque tendrán la luz que lleva a la vida» (Juan 8:12). Sin la dirección de Dios, usted no sabría

direction, you may not know what to do with your life. You may try a lot of things, hoping to find meaning in each one. But if you have God in your life, he will lead you and show you how to make your life count for him and his Kingdom.

4. **God's plan brings peace.** "I am leaving you with a gift—peace of mind and heart. And the peace I give is a gift the world cannot give. So don't be troubled or afraid" (John 14:27). When you follow Jesus as your Lord and Savior, you will be at peace with God. You will also be filled with God's peace. So when troubles come, you will be able to have peace as you endure hardships.

5. **God's plan is for you to live with him in heaven.** "For God loved the world so much that he gave his one and only Son, so that everyone who believes in him will not perish but have eternal life" (John 3:16). Before Adam and Eve sinned (Genesis 3), they had a good relationship with God. Therefore, they were not ashamed to come into God's presence. But after they sinned, their relationship with God changed, and they were ashamed to come into God's physical presence. Sin had separated them and the entire human race—including you—from God. But God did not want sin to keep people from having a relationship with him. So he provided a way in which people could be cleansed of their sins and live with him in heaven forever. He gave his only Son, Jesus, as the perfect payment for everyone's sins.

Here are three things you must do in order to know Jesus personally as your Lord and Savior:

1. **Recognize that you are a sinner.** "For everyone has sinned; we all fall short of God's glorious standard" (Romans 3:23). "As the Scriptures say, 'No one is righteous—not even

qué hacer con su vida. Podría probar muchas cosas, esperando encontrar sentido en cada una de ellas. Pero si tiene a Dios en su vida, él le guiará y le mostrará cómo hacer que su vida tenga importancia para él y su reino.

4. **El plan de Dios trae paz.** «Les dejo un regalo: paz en la mente y en el corazón. Y la paz que yo doy es un regalo que el mundo no puede dar. Así que no se angustien ni tengan miedo» (Juan 14:27). Cuando usted siga a Jesús como Señor y Salvador, estará en paz con Dios. También lo llenará la paz de Dios aun cuando pase por dificultades.

5. **El plan de Dios es que usted viva con él en el cielo.** «Pues Dios amó tanto al mundo que dio a su único Hijo, para que todo el que crea en él no se pierda, sino que tenga vida eterna» (Juan 3:16). Antes de que Adán y Eva pecaran (Génesis 3), tenían una buena relación con Dios. Pero después de pecar, su relación con él cambió y se avergonzaron de estar en la presencia de Dios. El pecado los separó de Dios (y a toda la raza humana, incluyéndolo a usted). Pero Dios no quería que el pecado impidiera que la gente tuviese una relación con él. De manera que proveyó una forma por la cual la gente pudiese limpiar sus pecados y vivir con él en el cielo para siempre. Dio a su único Hijo, Jesús, como el pago perfecto por los pecados de todos.

Aquí tiene tres cosas que debe hacer para conocer personalmente a Jesús como Señor y Salvador:

1. **Reconozca que es pecador.** «Pues todos hemos pecado; nadie puede alcanzar la meta gloriosa establecida por Dios» (Romanos 3:23). «Como dicen las Escrituras: "No hay ni un

one'" (Romans 3:10). Because everyone is a sinner, no one deserves eternal life with God in heaven. In addition, no one can work hard enough to earn this life. Instead, God gives eternal life to everyone who believes that Jesus Christ is his Son. Before you can appreciate what Jesus has done for you, you need to recognize that you are a sinner in need of God's forgiveness. If you never acknowledge this, you will never receive God's forgiveness for your sins. And you will never enter into heaven.

2. **Ask Jesus to forgive you.** "Yet now he has reconciled you to himself through the death of Christ in his physical body. As a result, he has brought you into his own presence, and you are holy and blameless as you stand before him without a single fault" (Colossians 1:22). If you recognize that you are sinner, then you may be ready to ask Jesus to forgive you. Do you believe that Jesus is the eternal Son of God, who died to pay for your sins? If you do and you have never thanked Christ for dying for you, thank him right now in a simple prayer. Pray, "Lord, I thank you for paying for the sins I have committed. I give my life to you. Teach me the right way to live. Amen."

3. **Turn away from your sins.** "Those who have been born into God's family do not make a practice of sinning, because God's life is in them. So they can't keep on sinning, because they are children of God" (1 John 3:9). As a Christian, you may sin from time to time. But you should not continue to live a sinful lifestyle. Putting your faith in Jesus means that you are willingly turning away from your old sinful nature. It also means that you

solo justo, ni siquiera uno"» (Romanos 3:10). Puesto que todos son pecadores, nadie merece la vida eterna con Dios en el cielo. Además, nadie puede, por más duro que se esfuerce, ganar esta vida. En cambio, Dios da vida eterna a todo el que crea que Jesucristo es su Hijo. Antes de que pueda apreciar lo que Jesús ha hecho por usted, deberá reconocer que es pecador y que necesita el perdón de Dios. Si nunca reconoce esto, nunca recibirá el perdón de Dios por sus pecados, y nunca entrará al cielo.

2. **Pídale a Jesús que lo perdone.** «Pero ahora él los reconcilió consigo mediante la muerte de Cristo en su cuerpo físico. Como resultado, los ha trasladado a su propia presencia, y ahora ustedes son santos, libres de culpa y pueden presentarse delante de él sin ninguna falta» (Colosenses 1:22). Si usted reconoce que es pecador, entonces estará listo para pedirle a Jesús que lo perdone. ¿Cree que Jesús es el Hijo eterno de Dios que murió para pagar por sus pecados? Si lo cree y nunca le agradeció a Cristo que muriera por usted, agradézcale ahora mismo con una simple oración. Ore así: «Señor, te agradezco que hayas muerto por mi pecado y te pido perdón por todo el mal que he cometido. Te entrego mi vida. Haz de mí la persona que tú quieres que yo sea. Amén».

3. **Apártese de sus pecados.** «Los que han nacido en la familia de Dios no se caracterizan por practicar el pecado, porque la vida de Dios está en ellos. Así que no pueden seguir pecando, porque son hijos de Dios» (1 Juan 3:9). Como cristiano, usted podría pecar ocasionalmente, pero no debería continuar con un estilo de vida pecaminoso. Poner su fe en Jesús significa que se apartará voluntariamente de su vieja naturaleza pecaminosa. También significa que

are living to please God. You can live to please God by obeying the commands he has given everyone in the Bible. If you obey God, you can be sure that you are a Christian and will one day have eternal life in heaven.

vivirá para complacer a Dios. Al vivir en obediencia a los mandamientos que él nos ha dado a todos en la Biblia, estará complaciéndolo. Si obedece a Dios, puede tener la certeza de que es cristiano y que un día tendrá vida eterna en el cielo.

FIRST STEPS FOR GROWING IN FAITH

After you have put your trust in God for salvation through Christ, you need to exercise and grow in your faith. Even the very first Christians wanted to grow in their faith (Acts 2:42). Here are some things you can do to help you grow.

Read and Study the Bible

It is important to get a complete Bible to study and read because it is God's own word (see 2 Timothy 3:14-17 and 2 Peter 1:16-21). This means that the best way to get to know God better and grow in your faith in him is to read and study the Bible! God wants us to know his word thoroughly so that we can be mature and strong in our faith in him. That is why we recommend that you spend time every day reading and studying your Bible.

Pray (Talk to God) Every Day

Prayer is important because it is the way you share your heart and life with God. God is listening! He wants to hear about everything you feel and experience. Prayer will help you to become closer to God and learn how to trust in him no matter what is going on in your life. Whatever you are going through in your life, tell God about it. Express your trust in him with words, and thank him for everything that happens. Tell him about your pains and your struggles. Nothing is too "normal" or too "personal" for prayer. When you open your heart and life to God in this way, you will find that he will become very close to you! He will walk beside you through everything.

Spend Time with Other Christians

When you put your trust in God to save you through Jesus Christ, you become

PRIMEROS PASOS PARA CRECER EN LA FE

Después de que haya puesto su confianza en Dios por la salvación a través de Cristo, necesitará crecer en su fe. Aquí hay algunas cosas que puede hacer para facilitar su crecimiento.

Lea y estudie la Biblia

Es importante conseguir una Biblia completa para leer y estudiar, porque la Biblia es la Palabra misma de Dios (ver 2 Timoteo 3:14-17; 2 Pedro 1:16-21). Dios quiere que conozcamos su Palabra a fondo, de modo que podamos madurar y ser fortalecidos en nuestra fe. Esa es la razón por la que recomendamos que dedique tiempo cada día a la lectura y al estudio de la Biblia.

Ore (hable con Dios) cada día

La oración es importante porque es la manera en que usted comparte su corazón y su vida con Dios. ¡Dios está escuchando! Quiere escuchar todo lo que usted sienta y experimente. La oración le ayudará a acercarse a Dios y a aprender a confiar en él, no importa lo que suceda en su vida. Pase lo que pase en su vida, cuéntele a Dios al respecto. Exprese su confianza en él con palabras y agradézcale por todo lo que le suceda. Cuéntele de sus dolores y sus luchas. Nada es demasiado insignificante o íntimo para la oración. Cuando abra su corazón y su vida a Dios de esta manera, ¡encontrará que él se acercará mucho a usted! Caminará junto a usted en todo momento.

Pase tiempo con otros cristianos

Cuando ponga su confianza en Dios para que lo salve por medio de

a new person, and you join a very large family! Every Christian is a member of God's family, the body of Christ. One of the best ways for you to grow in your faith is to get to know other Christians, to study the Bible with them, and to worship and pray to God with them. This is how God's family grows together as one body.

Share Your Faith with Other People

As God's children, we have the privilege of telling others about what God has done for us and what he can do for them (Isaiah 52:7). God wants us to tell others about God, so that they can have an opportunity to put their trust in him for salvation, too. "Has the LORD redeemed you? Then speak out!" (Psalm 107:2). "Tell everyone about the amazing things he does" (Psalm 96:3). Not everyone will listen, but some will, and it is a great joy to see other people come to God by faith: "there is joy in the presence of God's angels when even one sinner repents" (Luke 15:10).

Jesucristo, ¡usted se convertirá en una nueva persona y se unirá a una familia muy numerosa! Cada cristiano es miembro de la familia de Dios: el cuerpo de Cristo. Una de las mejores maneras de crecer en su fe es conocer a otros cristianos, estudiar la Biblia, adorar y orar a Dios con ellos. Así es como la familia de Dios crece como un cuerpo.

Comparta su fe con otras personas

Como hijos suyos, tenemos el privilegio de contarles a otros acerca de lo que nuestro Padre ha hecho por nosotros y lo que puede hacer por ellos. Dios quiere que compartamos con los demás acerca de él para que así otros puedan conocerlo y recibir la salvación poniendo su confianza en él. «¿Los ha rescatado el SEÑOR? ¡Entonces, hablen con libertad!» (Salmo 107:2). «Cuéntenles a todos las cosas asombrosas que él hace» (Salmo 96:3). No todos oirán, pero algunos sí lo harán, y es motivo de gran gozo ver que otros vienen a Dios por medio de la fe: «Hay alegría en presencia de los ángeles de Dios cuando un solo pecador se arrepiente» (Lucas 15:10).

A NOTE TO READERS

The *Holy Bible,* New Living Translation (NLT), since first being published in 1996 has quickly become one of the most popular Bible translations in the English-speaking world. The *Santa Biblia,* Nueva Traducción Viviente (NTV), is the culmination of a 9 year effort to create a Spanish translation from the original texts that employs the same style and exegetical research as found in the New Living Translation. In our present day, there are more than 800 million people that speak English and/or Spanish. We hope that this parallel edition will serve to illuminate God's Word across the English and Spanish speaking worlds.

The goal of any Bible translation is to convey the meaning and content of the ancient Hebrew, Aramaic, and Greek texts as accurately as possible to contemporary readers. The challenge for our translators was to create a text that would communicate as clearly and powerfully to today's readers as the original texts did to readers and listeners in the ancient biblical world. The resulting translations in English and Spanish are easy to read and understand, while also accurately communicating the meaning and content of the original biblical texts. Both the NLT and the NTV are general-purpose texts especially good for study, devotional reading, and reading aloud in worship services.

We believe that the New Living Translation and the Nueva Traducción Viviente—which combine the latest biblical scholarship with a clear,

NOTA DE LOS EDITORES

La *Holy Bible,* New Living Translation (NLT), fue publicada por primera vez en 1996 y desde entonces se ha convertido en una de las traducciones más populares de la Biblia al inglés. La *Santa Biblia,* Nueva Traducción Viviente (NTV), es el resultado de 9 años de esfuerzo para crear una traducción de los textos originales al español utilizando el mismo estilo y conocimiento exegético que se utilizó en la New Living Translation. En el presente, hay más de 800 millones de personas que hablan inglés o español. Esperamos que con esta edición paralela se ilumine la palabra de Dios a través de los mundos de habla inglesa y de habla hispana.

La meta de cualquier traducción de la Biblia es compartir tan precisamente como sea posible para lectores contemporáneos el significado y el contenido de los textos antiguos en hebreo, arameo y griego. El desafío para nuestros traductores, lingüistas, y teólogos fue el de crear un texto que comunicara el mensaje a los lectores de hoy con la misma claridad y causara el mismo impacto que causaron los textos originales en los lectores y oyentes de los tiempos bíblicos. En fin, la New Living Translation y la Nueva Traducción Viviente son de fácil lectura y comprensión, y al mismo tiempo comunican con precisión el significado y contenido de los textos bíblicos originales. Las dos traducciones son ideales para el estudio, para la lectura devocional y para la alabanza.

Creemos que la New Living Translation y la Nueva Traducción Viviente —que utilizan la erudición más actual con un estilo claro y dinámico—

dynamic writing style—will communicate God's word powerfully to all who read it. We publish these two translations praying that God will use them to speak his timeless truth to the church and the world in a fresh, new way.

The Publishers
January 2009

comunicarán poderosamente la palabra de Dios a todos los que las lean. Publicamos la NLT y la NTV pidiendo a Dios en oración que las use para transmitir de una manera impactante su verdad eterna a la iglesia y al mundo.

Los editores,
enero de 2009

WHO IS JESUS?

"Jesus replied, 'I am the bread of life. Whoever comes to me will never be hungry again. Whoever believes in me will never be thirsty.'" *John 6:35*

"Jesus spoke to the people once more and said, 'I am the light of the world. If you follow me, you won't have to walk in darkness, because you will have the light that leads to life.'" *John 8:12*

"Jesus answered, 'I tell you the truth, before Abraham was even born, I AM!'" *John 8:58*

"Yes, I am the gate. Those who come in through me will be saved. They will come and go freely and will find good pastures." *John 10:9*

"I am the good shepherd. The good shepherd sacrifices his life for the sheep." *John 10:11*

"Jesus told her, 'I am the resurrection and the life. Anyone who believes in me will live, even after dying.'" *John 11:25*

¿QUIÉN ES JESÚS?

«Jesús les respondió: "Yo soy el pan de vida. El que viene a mí nunca volverá a tener hambre; el que cree en mí no tendrá sed jamás"». *Juan 6:35*

«Jesús habló una vez más al pueblo y dijo: "Yo soy la luz del mundo. Si ustedes me siguen, no tendrán que andar en la oscuridad porque tendrán la luz que lleva a la vida"». *Juan 8:12*

«Jesús contestó: "Les digo la verdad, ¡aun antes de que Abraham naciera, Yo Soy!"». *Juan 8:58*

«Yo soy la puerta; los que entren a través de mí serán salvos. Entrarán y saldrán libremente y encontrarán buenos pastos». *Juan 10:9*

«Yo soy el buen pastor. El buen pastor da su vida en sacrificio por las ovejas». *Juan 10:11*

«Jesús le dijo: "Yo soy la resurrección y la vida. El que cree en mí vivirá aun después de haber muerto"». *Juan 11:25*

WHY DO WE NEED JESUS?

"Jesus replied, 'I tell you the truth, unless you are born again, you cannot see the Kingdom of God.'" *John 3:3*

"For God loved the world so much that he gave his one and only Son, so that everyone who believes in him will not perish but have eternal life." *John 3:16*

"There is no judgment against anyone who believes in him. But anyone who does not believe in him has already been judged for not believing in God's one and only Son." *John 3:18*

"I tell you the truth, those who listen to my message and believe in God who sent me have eternal life. They will never be condemned for their sins, but they have already passed from death into life." *John 5:24*

"Yes, I am the vine; you are the branches. Those who remain in me, and I in them, will produce much fruit. For apart from me you can do nothing." *John 15:5*

"My sheep listen to my voice; I know them, and they follow me. I give them eternal life, and they will never perish. No one can snatch them away from me." *John 10:27-28*

¿POR QUÉ NECESITAMOS A JESÚS?

«Jesús le respondió: "Te digo la verdad, a menos que nazcas de nuevo, no puedes ver el reino de Dios"». *Juan 3:3*

«Pues Dios amó tanto al mundo que dio a su único Hijo, para que todo el que crea en él no se pierda, sino que tenga vida eterna». *Juan 3:16*

«No hay condenación para todo el que cree en él, pero todo el que no cree en él ya ha sido condenado por no haber creído en el único Hijo de Dios». *Juan 3:18*

«Les digo la verdad, todos los que escuchan mi mensaje y creen en Dios, quien me envió, tienen vida eterna. Nunca serán condenados por sus pecados, pues ya han pasado de la muerte a la vida». *Juan 5:24*

«Ciertamente, yo soy la vid; ustedes son las ramas. Los que permanecen en mí y yo en ellos producirán mucho fruto porque, separados de mí, no pueden hacer nada». *Juan 15:5*

«Mis ovejas escuchan mi voz; yo las conozco, y ellas me siguen. Les doy vida eterna, y nunca perecerán. Nadie puede quitármelas». *Juan 10:27-28*

Gavin Windeler

→ 2723, — June 1/10

Mar. 30 - M.V.P.

% of healing